Rosemarie Haine-Maas · Saarlouis Einst und Heute

Rosemarie Haine-Maas

Saarlouis
Einst und Heute

Ein Streifzug durch Saarlouis
und seine Geschichte

Herstellung und Vertrieb: SDV, Saarbrücken
Printed in Germany
ISBN 3-925036-71-7

Inhalt

Vorwort 7
Einleitung 9
Vauban, der Baumeister des Französischen Königs Ludwig XIV. 17
Das Deutsche und das Französische Tor 22
Die Vaubaninsel 35
Die Übergabe der Festung an die Preußen 1815 41
Grenadier Lacroix 42
Die Schleusenbrücke und das Garnisonslazarett 47
Kasernen, Festungsmauern und Gräben 53
Die ehemaligen Standorte der Kasernen 54
Schwere Tage, Explosion auf Choisy 1916 71
Von der Kaibelkaserne zum Städtischen Krankenhaus 85
Das alte Augustinerkloster, heute Canisianum 91
Von der Deutschen Straße zum Großen Markt 95
Das alte Rathaus mit der Hauptwache 139
Eine städtische Polizeiverordnung aus dem Jahre 1828 141
Bürgermeister Reneauld 142
Das Wappen und der Name der Stadt im Wechsel der Zeiten 143
Das neue Rathaus 157
Die Pfarrkirche St. Ludwig 159
Der große Kirchenbrand 165
Durch die Französische Straße zum Kleinen Markt 177
Der Saalbau und seine Veranstaltungen 193
Altes Saarlouiser Karnevalslied 197
Das Dreißiger Denkmal am Hohenzollernring 198
Vom Hohenzollernring zum Prälat-Subtil-Ring 201
Die St. Elisabeth Klinik 207
Amtsgericht und Volksschule 213
Die Kleinbahn 221
Von der Dampf- zur Elektrischen Straßenbahn 227
Der Staatsbahnhof »Fraulautern 1860« und der neue Staatsbahnhof »Saarlouis 1910« 231
Die evangelische Kirche, die Kaiser-Wilhelm-Straße, das Kreisständehaus (Landratsamt) 235
Bau der Kanalisation an der evangelischen Kirche 237

Die alte und die neue evangelische Kirche 238
Das städtische Ehrenmal am Landratsamt 251
Das Kreis-Krieger-Denkmal am Lyceum (heute Verwaltungsgericht des Saarlandes) 252
Bastion IV, Alexandrine, Durchbruch zur Lothringer Straße, Das Theater am Ring 257
Die Altstadt, das Postgäßchen, die Synagoge 261
Marschall Ney 263
General von Lettow-Vorbeck 267
Die Saarbrücke 270
Die Freiwillige Feuerwehr der Stadt Saarlouis 272
Verhalten der Bürger bei Feuer-Ausbruch aus dem Jahre 1818 273
Das Tabakrauchen, eine Verordnung von 1821 aus der Festschrift der Freiwilligen Feuerwehr Saarlouis 1811–1911 275
Aktienbrauerei Saarlouis 276
Türen erzählen Geschichten 278
Impressionen 281
Mode um 1900 282
Saarlouiser Fotoateliers von damals 286
Moritat, vom Mord der Straßenlaternen um 1910 290
Reklame von alten Saarlouiser Geschäften 291
Quellenangaben 295

Vorwort

Die Unterlagen zu diesem Bildband stammen zum großen Teil aus meinem privaten Archiv, das ich in vielen Jahren zusammengestellt habe.

Ein Teil der Fotos kommt aus dem Archiv der Kreisbildstelle des Landratsamtes Saarlouis, das im Gegenzug mit vielen alten Postkarten und Dokumenten aus meinem privaten Besitz ergänzt wurde.

Alle diese Fotos sind zum größten Teil Repros, die von alten, oft vergilbten Postkarten und Fotografien stammen. Sie wurden für diesen Bildband von der Fotografin der Kreisbildstelle des Landratsamtes, Jutta Mai gemacht.

Viele Freunde und Bekannte haben mich dazu angeregt, dieses Material zu einem Buch zusammenzustellen und der Allgemeinheit zugänglich zu machen.

Diesem Wunsch bin ich gerne nachgekommen.

Das Auswählen und Betrachten der Bilder ließ viele Erinnerungen wach werden. Dabei wurde mir erneut bewußt, wie sehr ich dieser Stadt, in der ich geboren wurde, verbunden bin.

Sowohl das alte vergangene Saarlouis, als auch die Gegenwart wird in diesem Buch dargestellt.

Zu den Bildern habe ich bewußt oft nur knappe andeutende Unterschriften gewählt, da ich glaube, daß diese für sich sprechen und bei jedem Betrachter, der unsere Stadt noch vor 1945 kannte, persönliche Erinnerungen wecken werden.

An dieser Stelle möchte ich allen aus meinem Freundeskreis meinen Dank aussprechen, die mir noch fehlende Postkarten und Bilder anvertraut haben.

Möge dieser Bildband ein Familienbuch werden, in dem Jung und Alt gerne blättern, zeigt er doch ihre jetzige Heimatstadt und wie sie vor dem Zweiten Weltkrieg aussah.

Ich wünsche beim Betrachten und Lesen dieses Bildbandes viel Freude.

Rosemarie Haine-Maas

Der Mensch vergißt zuviel
und viel zu schnell

Voltaire

Im Jahre 1982, also genau vor zehn Jahren, erschien ein kleiner Bildband von Saarlouis, der heute längst vergriffen ist.

Nicht vergriffen aber ist die schöne Einführung dieses Buches zur Geschichte der Stadt Saarlouis.

Mit freundlicher Genehmigung von Hans Jörg Schu, übernehme ich seinen Text als Einleitung in meinem Bildband.

Die französische Übersetzung dieser Einleitung ist von Annick Gérard, Jeumont.

Einleitung

Wer im Großen Brockhaus unter dem Stichwort »Saarlouis« nachliest, findet dort immerhin 21 Zeilen. Doch was das Wesen dieser Stadt ausmacht, sucht man in einem Nachschlagewerk vergeblich: die Widersprüchlichkeit ihrer Geschichte, ihr Bemühen um Identität, das Typische ihres Stadtbildes, die Verbindung von Historischem und Modernem, das Nebeneinander von Ökonomie und Lebensqualität – und nicht zuletzt das Selbstbewußtsein einer Stadt, die sich selbst »heimliche Hauptstadt des Saarlandes« nennt.

So selbstbewußt konnte Saarlouis nicht immer sein. Schon früh sollte sich sein Stolz auf den »königlichen Ursprung« als unsicheres Fundament erweisen. Die machtpolitischen Vorstellungen, die dem Bau der Festung zugrunde lagen, bestimmten die Stadt zum »Grenzfall«, und Grenzfall blieb sie eigentlich bis in die Gegenwart: zunächst französische, dann preußische Festung, mal nach Osten, mal nach Westen gerichtet, nach den beiden Weltkriegen schließlich umworbener Kronzeuge im Streit um die Saarfrage. Ihre Fähigkeit, Brücke zwischen den beiden Nationen zu sein, konnte die Stadt im Brennpunkt nationaler Gegensätze und Verblendung erst spät entfalten.

Ihren Anfang setzte der Wille des Sonnenkönigs; im frühen November 1679 befahl Louis XIV. den Bau der Festung. Der Friede von Nimwegen hatte lediglich die militärischen Kampfhandlungen beendet, der politische Krieg wurde hartnäckig fortgeführt. Ein geschlossenes Festungssystem sollte das besetzte Lothringen an der Ostgrenze sichern und gleichzeitig eine günstige Ausgangsposition für weitere Gebietsansprüche schaffen. Diese Doppelfunktion fiel auch der Festung Saarlouis zu. Ihr Eintritt in die Geschichte war auf die politischen Spannungen Europas gegründet.

Die Zeit drängte. Im Laufe des Jahres 1680 arbeiteten schon 6 000 Menschen am Bau der neuen Festung. Französische Ingenieure urteilten später: »Saarlouis ist mit großer Übereilung erbaut.«

Thomas de Choisy – bald erster Gouverneur der Stadt – hatte das Wiesengelände zwischen Wallerfangen und Fraulautern als Standort vorgeschlagen und das Festungsprojekt nach »Vaubans erstem System« entworfen. Aber auch Sebastien le Prêtre de Vauban nahm auf den Festungsbau persönlich Einfluß. Anfang 1680 kam er nach Wallerfangen, begutachtete das Gelände, korrigierte und ergänzte die Entwürfe Choisys. Die

En ouvrant le dictionnaire encyclopédique allemand «Brockhaus» à la rubrique Sarrelouis, le lecteur y trouve une bonne vingtaine de lignes. Mais c'est en vain qu'il recherchera dans un ouvrage de référence quelque indication de fond sur l'essence même de cette ville, à savoir les paradoxes de son histoire, la quête de son identité, le caractère typique de son image, l'amalgame des éléments historiques et modernes qui sont sa marque, la co-existence d'une industrie avec une certaine qualité de la vie, et surtout la conscience qu'a d'elle-même cette ville qui se prétend être «la vraie capitale de la Sarre».

Sarrelouis n'a d'ailleurs pas toujours eu motif d'être particulièrement sûre d'elle. Très tôt devait s'avérer la fragilité des raisons de son orgueil tiré de son «origine royale». Des considérations tenant à une politique de puissance se traduisirent d'abord par des travaux de fortifications qui la vouèrent à une destinée de ville-frontière, ce qu'elle est effectivement demeurée jusqu'à nos jours: ville fortifiée française dans un premier temps, puis prussienne, tournée tantôt vers l'est et tantôt vers l'ouest puis, après chacune des deux guerres mondiales, témoin principal et enjeu de part et d'autre de la querelle autour de la question sarroise. Tiraillée entre des ambitions rivales, cette ville à qui l'on fit miroiter mille avantages ne sut, en fait, que très tardivement exploiter son aptitude à constituer le trait d'union entre deux nations. Ce n'est guère qu'aujourd'hui qu'elle parvient à concevoir comme un tout son histoire fractionnée.

C'est par la volonté du Roi-Soleil que Sarrelouis vit le jour. Au début de novembre 1679, Louis XIV ordonna la construction d'une place-forte. Car si le traité de Nimègue avait mis fin aux opérations proprement militaires, une guerre acharnée ne s'en poursuivait pas moins sur le plan politique. Un système compact et serré de fortifications devait donc préserver, à sa frontière orientale, la Lorraine occupée, et constituer, tout à la fois, une base de départ adéquate en vue d'une éventuelle expansion ultérieure. Telle fut la double fonction assignée à Sarrelouis dont l'entrée dans l'Histoire se fit sous les auspices des tensions politiques en Europe.

Mais le temps pressait. Au cours de l'année 1680, quelque six mille hommes travaillèrent à l'édification de la citadelle. Notons que de ingénieurs français estimèrent plus tard que «Sarrelouis, fut construite en grande hâte».

Vorstellung der geplanten Festung ließ ihn gar nicht ins Schwärmen geraten. Ihm bedeutete Festungsbau mehr als nur strategischer Zweck, für ihn war Festungsbau auch kunstvolle Variation geometrischer Modelle. Geometrischer Vollkommenheit aber kam das »königliche Sechseck« der Festung Saarlouis sehr nahe.

Krieg und Fortschritt haben diese Spuren nicht ganz aus dem Stadtbild tilgen können. Bis heute bestimmt das »königliche Sechseck« seine Struktur: der rechtwinklige, geradlinige Verlauf der Straßen gibt der City noch immer eine geometrische Ordnung; auf den zugeschütteten Wallgräben zeichnet der Innere Ring bis heute den Festungsstern nach. Das Stadtzentrum wird nach wie vor von der streng quadratischen Größe des Marktplatzes beherrscht, der in seinen Diagonalen exakt die vier Himmelsrichtungen anzeigt.

Dem inneren Ausbau war nicht allein die Enge des Festungskerns vorgegeben, auch militärische Belange forderten bauliche Beschränkungen. Da die Wallmauern zugleich die Höhe der Gebäude festlegten, waren allgemein nur zwei Stockwerke mit Mansardendach erlaubt.

Die einheitlichen Maßstäbe gaben den Häuserzeilen ein ruhiges Gleichmaß, schlossen aber architektonische Unterschiede zwischen den einzelnen Stadtvierteln nicht aus. Der aufwendige Fassadenschmuck herrschaftlicher Stadthäuser hob sich eindrucksvoll von der Schlichtheit bürgerlicher Hausfronten ab, und die Weitläufigkeit öffentlicher Gebäude und Kasernen stand in einem augenfälligen Mißverhältnis zum bescheidenen Grundstückszuschnitt der Wohnviertel.

Diese Kontraste wirken bis heute im Stadtbild fort. Das Kommandanturgebäude am Großen Markt und der innere Ring französischer und preußischer Kasernen geben noch immer einen Eindruck von der kompakten Größe militärischer Bauwerke. Daneben konnten sich in der Altstadt auch einige der typischen Altsaarlouiser Bürgerhäuser behaupten. Ihre schmalen, schlichten Hausfronten, ihre schiefergedeckten Mansardendächer, ihre Holzklappläden und ihre außenliegenden Kellereingänge bewahren noch etwas vom ursprünglichen Charakter der Festungszeit.

Von den herrschaftlichen Stadthäusern adliger Familien hat nur das Haus Gottschalk die Jahrhunderte überdauert. Sein wappengeschmücktes Pilasterportal und seine Treppenaufgänge lassen heute noch auf das ausgeprägte Standesdenken seiner Erbauer schließen. Aber auch das Prestigebedürfnis wohlhabender Bürger hat in einigen schmuckvollen Fassaden überlebt. Ihre Tür- und Fensterschlußmasken sind lebensfrohe Rokoko-Skulpturen des Saarlouiser Bildhauers Ferdinand Ganal (1703–1775).

In Saarlouis ist die Handschrift der Stadtgrün-

Thomas de Choisy – bientôt nommé premier gouverneur de la ville – avait proposé que celle-ci fût implantée sur les prairies qui s'étendaient de Wallerfangen à Fraulautern. Il avait conçu le projet de fortification selon le «premier système de Vauban». Mais ce fut Sébastien Le Prêtre de Vauban qui exerça une influence déterminante sur l'œuvre. Au début de 1680, il se rendit personnellement à Wallerfangen, évalua le terrain, corrigea et compléta les ébauches de Choisy. La construction d'une place-forte le souleva d'enthousiasme: autre fins stratégiques, il y voyait la possibilité de se livrer à de savantes variations artistiques sur des formes géométriques. Et, de fait, l'«hexagone royal» de Sarrelouis approcha de très près la perfection géométrique; les destructions dues aux guerres comme aux assauts du progrès n'ont pu en effacer complètement les traces dans le dessin général de la cité dont, de nos jours encore, la forme hexagonale constitue la structure. Le tracé orthogonal des rues parfaitement rectilignes, lui confère toujours un ordre géométrique. Le boulevard intérieur aménagé sur l'emplacement des anciens fossés, aujourd'hui comblés, épouse encore la forme en étoile de la citadelle. Le centre de la ville est marqué par la place du Marché, rigoureusement agencée en un carré dont les diagonales indiquent avec précision les quatres points cardinaux.

Mais l'aménagement intérieur n'avait pas été uniquement fonction des dimensions réduites du cœur de cette citadelle; des considérations d'ordre militaire avaient imposé des servitudes de hauteur. Celle des remparts limitait celle des bâtiments, aussi seuls des édifices à deux étages avec mansarde avaient été autorisés.

L'uniformité des normes conférait aux rangées de maisons un aspect harmonieusement équilibré, avec toutefois quelques différences architecturales entre les quartiers de la ville. La recherche dans la décoration des façades patriciennes contrastait fort avec la simplicité de celle des maisons bourgeoises. De même, la dimension considérable les édifices publics et des casernes présentait-elle une disproportion frappante au regard du morcellement parcellaire dans les quartiers d'habitation.

Ces contrastes marquent, aujourd'hui encore, la configuration générale de la ville. Ainsi l'hôtel du commandement sur la place du Grand Marché et l'enceinte des casernes françaises et prussiennes nous donnent-ils un aperçu du volume et de la compacité de l'architecture militaire de l'époque. Mais, à côté de ces édifices au caractètre monumental, les maisons bourgeoises typiques de la vieille ville avaient su tenir leur rang. Leurs façades étroites et dépouillées, leurs toits mansardés recouverts d'ardoise, leurs volets en bois, leurs soupiraux donnant sur l'extérieur nous ont trans-

der auch heute noch sichtbar. Ein amerikanischer Professor sah hier sogar das Vorbild für die Altstadtviertel von New Orleans. Tatsächlich war Le Blond de la Tour, der die Pläne von Nouvelle Orléans entwarf, zuvor mehrere Jahre Ingenieur-Offizier in Saarlouis.

Ihre Uneinnehmhbarkeit hat die Festung nie unter Beweis stellen müssen. Ihr strategischer Wert blieb stets umstritten. Im Spanischen Erbfolgekrieg (1705) hatte der englische Feldherr Marlborough Saarlouis bedroht, seine Belagerungspläne aber schließlich aufgegeben. Auch in späteren Kriegen blieb die Festung stets ausgeklammert, obwohl immer wieder feindliche Truppen an der Saar operierten, die Nachbarorte heimsuchten und die Stadt vorübergehend einschlossen. Beweglichere Kriegstechniken waren offensichtlich über diese starren Befestigungssysteme hinweggegangen.

Privilegien und Steuerfreiheiten, Zunft- und Marktrechte hatten den Zuwanderern einst unbegrenzte Zukunftschancen versprochen. Doch die maßlosen Erwartungen der ersten Jahre erfüllten sich nicht. Der Friede von Rijswijk (1697) bestimmte die Stadt zur französischen Exklave und entzog ihr das Hinterland. Der Verlust unentbehrlicher Absatzmärkte löste einen wirtschaftlichen Niedergang aus, der den meisten Bürgern ihre Existenzgrundlage raubte. Viele wanderten aus, andere endeten im Elend. Die Festung selbst verlor ihre strategische Bedeutung. Dem Präsidialgericht, einst Berufungsinstanz für 26 Städte und 1 650 Dörfer, blieb kaum mehr als sein gewichtiger Name. Die Bürger sprachen vom Frieden, der »Saarlouis Arme und Beine abschlug«.

Die Stadt sollte ihre wirtschaftliche und administrative Vorrangstellung nicht wiedererlangen, auch nicht, als Lothringen an Frankreich zurückfiel. Saarlouis büßte nahezu alle Privilegien und Selbstverwaltungsrechte ein; ihren Bürgern wurden immer neue Steuerlasten aufgebürdet. Die Enttäuschung wuchs und entlud sich schließlich in den Exzessen der Großen Revolution. Saarlouis hieß nun Sarre-Libre und zählte schon bald zu den radikalsten Städten Frankreichs. Die revolutionären Ideen des örtlichen Jakobinerclubs beherrschten fortan die Distriktshauptstadt. Zahlreiche Bürger wurden deportiert, andere starben auf der Guillotine. Der Volksrepräsentant Mallarmé äußerte anerkennend: »Ihr seid echte Republikaner!«

Die Schlachten Napoleons wurden fernab von Saarlouis ausgefochten. An seinen Siegen und Niederlagen aber hatten viele Söhne dieser Stadt Anteil, und die Erinnerung an sie blieb auch in preußischer Zeit lebendig. Noch bis ins ausgehende 19. Jahrhundert hingen in fast allen Bürgerstuben Ehrentafeln jener Offiziere, die Saarlouis den Armeen Napoleons geliefert hatte: In der Mitte

mis quelque chose de la physionomie originale de l'époque des fortifications. Parmi les demeures des familles nobles, seule la maison de Gottschalk a traversé les siècles sans dommage. Son portail à pilastres armoriés, ses perrons témoignent de la volonté marquée d'extérioriser les différences de classes qui animait ses propriétaires. L'ornementation des façades des maisons de la bourgeoisie nantie procède de la même préoccupation. La plupart d'entre elles sont dues au ciseau d'un sculpteur de Sarrelouis, Ferdinand Ganal (1703–1775).

La signature des fondateurs de Sarrelouis est restée apparente; un professeur américain avait même cru reconnaître là certaines ressemblances avec les vieux quartiers de la Nouvelle-Orléans: il ne se trompait pas, puisque le Blond de la Tour, architecte de cette ville d'Amérique, avait été, quelques années auparavant, ingénieur militaire à Sarrelouis.

Il est intéressant de remarquer que la citadelle n'eut jamais à mettre sa réputation de forteresse inexpugnable à l'épreuve d'une attaque. Sa valeur stratégique fut toujours contestée. Sans doute, au cours de la guerre de succession d'Espagne, Malborough la menaça-t-il, mais il finit par abandonner son projet de l'assiéger. Lors des guerres qui suivirent, elle fut, toujours mise, en marge des opérations cependant menées sur les rives de la Sarre par les troupes ennemies. Les villages voisins étaient harcelés, alors que Sarrelouis n'était que momentanément encerclée. La guerre de mouvement avait eu pour effet d'épargner le rigide réseau de ses fortifications.

Sur le plan économique, les privilèges divers, les exonérations fiscales, la protection des corporations et l'encouragement au libre exercice du commerce avaient ouvert des perspectives illimitées et promis un avenir radieux á ceux qui voulaient s'installer dans la ville. Or, les grands espoirs des premières années ne se réalisèrent pas. Le traité de Ryswick (1697) fit de la ville une enclave française et la priva de son arrière-pays. La perte de marchés dont elle ne pouvait se passer provoqua un déclin économique qui priva la plupart des habitants de leurs moyens d'existence. Beaucoup émigrèrent; d'autres finirent dans la misère. La forteresse elle-même perdit toute importance stratégique. A la Cour de Justice, jadis instance d'appel compétente pour vingt six villes et mille six cent cinquante villages, ne restait plus guère que son noble titre. Les habitants de Sarrelouis parlèrent d'une «paix qui avait coupé bras et jambes à Sarrelouis».

La ville n'a plus retrouvé sa place de choix sur les plans économique et administratif, pas même lorsque la Lorraine redevint française. Elle fut contrainte de renoncer à presque tous ses privilè-

Marschall Ney, der Tapferste der Tapferen, umgeben von Generälen, Obristen und niederen Offiziersrängen – an die 200 Namen.

Nach der endgültigen Abdankung des Kaisers fiel Saarlouis 1815 an Preußen. Am 1. Dezember verließen die letzten französischen Einheiten die Stadt. Mit dem Einmarsch preußischer Truppen begann der deutsche Teil der Stadtgeschichte.

Über die zwiespältigen Gefühle der Bürger konnten auch devote Ergebenheitsadressen nicht hinwegtäuschen. Die gewachsenen Bindungen lösten sich nicht über Nacht. Die Saarlouiser Lebensart konnte sich nur allmählich mit preußischem Ordnungssinn aussöhnen. Auch konfessionell stand man dem katholischen Frankreich näher als dem protestantischen Preußen.

Einer sprachlichen Umorientierung bedurfte es dagegen nicht. In der Bevölkerung, die vorwiegend aus Wallerfangen und anderen Teilen Deutsch-Lothringens nach Saarlouis zugewandert war, hatte sich Deutsch als Umgangssprache behauptet. Die französische Sprache beherrschten nur wenige.

Die preußischen Behörden gingen mit kluger Behutsamkeit vor. Sie zögerten auch nicht, den ehemaligen französischen Revolutionsgeneral Michel Reneauld zum Oberbürgermeister zu berufen. Auf seiner Brust vereinten sich einträchtig der Bourbonische Lilienorden, das Napoleonische Kreuz der Ehrenlegion und der Preußische Adlerorden III. Klasse. In dieser Symbolik schienen sich die Widersprüche der Stadtgeschichte aufzulösen.

Als Kreisstadt erlangte Saarlouis eine Verwaltungskompetenz, die über seine früheren Funktionen als Kantonshauptstadt hinausreichten. Handel und Handwerk blieben zwar nach wie vor von den Aufträgen der Garnison abhängig, konnten sich aber auch neue Absatzmärkte erschließen. Die Bürger gingen in ihren täglichen Geschäften auf, und die liberalen Ideen des Revolutionsjahres 1848 fanden bei ihnen nur geringe Resonanz. Erst im Kulturkampf sollte diese unpolitische Haltung in einen kämpferischen Widerstand gegen die Innenpolitik Bismarcks umschlagen.

Als Festung war Saarlouis nun gegen Frankreich gerichtet. Die Verteidigungswerke wurden ständig verstärkt, ergänzt und erneuert, alte französische Kasernen durch neue Mannschaftsunterkünfte ersetzt. So erschienen im barocken Stadtbild allmählich auch klassizistische Bauformen. Aus dieser Zeit stammen die Kasernen IV, VI und X, die heute kulturelle und wirtschaftliche Aufgaben erfüllen.

Die Garnisonstruppen wechselten häufig. Große Popularität gewann das Infanterieregiment Nr. 30, von dem wichtige gesellschaftliche und kulturelle Impulse ausgingen. Den »Dreißigern« verdankt die Welt auch den großen Schauspieler Gustav

ges et à son droit à une administration autonome. Des charges fiscales nouvelles vinrent accabler ses habitants. La déception grandit et sa manifestation se donna libre cours dans les excès de la Révolution. Sarrelouis se dénomma alors Sarre-Libre et fit bientôt partie des villes les plus extrêmistes de France: les idées jacobines du club local eurent force de loi dans la capitale du district; de nombreux citoyens furent déportés, d'autres guillotinés. Mallarmé, représentant du Peuple, prononça ces paroles qu'il voulait élogieuses: «Vous êtes de vrais républicains!»

Les batailles de Napoléon se déroulèrent bien loin de Sarrelouis, et pourtant beaucoup d'enfants de la ville prirent une part active à ses victoires et à ses défaites, et leur souvenir demeura vivace, même sous la domination prussienne. C'est ainsi, par exemple, que jusqu'à la fin du XIXe siècle, se trouvaient dans presque toutes les maisons des tableaux d'honneur où figuraient les noms des quelque deux cents officiers que Sarrelouis avait donné aux armées napoléoniennes, parmi lesquels le Maréchal Ney, le brave des braves, avec un cortège de généraux, colonels et officiers de moindre rang.

Après l'exil de l'Empereur, Sarrelouis fut rattachée en 1815 à la Prusse. Le 1er décembre, les dernières unités françaises quittaient la ville dont l'histoire allemande allait commencer avec l'entrée des troupes prussiennes. Toutefois, les ferventes manifestations de soumission aux nouveaux maîtres ne parvinrent pas à donner le change sur les véritables sentiments des habitants; les liens antérieurs ne prouvaient se dénouer du jour au lendemain. Les habitudes de vie ne s'adaptèrent que très lentement à la conception autoritaire de l'ordre prussien. Sur le plan religieux également, on se sentait plus proche de la France catholique que de la Prusse protestante.

Par contre, aucune réadaptation ne fut nécessaire sur le plan linguistique. Au sein d'une population en grande partie originaire de Wallerfangen et d'autres contrées de la Lorraine germanophone l'usage courant de la langue allemande avait, en effet, prévalu. Seule une minorité maîtrisait le français. Les autorités prussiennes procédèrent avec prudence et intelligence: elles n'hésitèrent pas à nommer maire de la ville un ancien général révolutionnaire, Michel Reneauld, dont les décorations mariaient en une douce harmonie la fleur de lys des Bourbon, la légion d'honneur napoléonienne et l'Aigle prussien de IIIe classe. Tous les antagonismes semblaient se fondre dans cette symbolique.

En tant que chef-lieu de district, Sarrelouis se vit reconnaître des pouvoirs administratifs qui allaient bient au delà de ses anciennes compétences de simple chef-lieu de canton. Le commerce et l'arti-

Gründgens. Das Regiment entdeckte den Kriegsfreiwilligen für das Fronttheater, und Gründgens selbst urteilte später: »Hier sollte das Ereignis eintreten, das entscheidend für meine Zukunft wurde.«

Die militärischen Beschränkungen, denen die Stadt auch weiterhin unterworfen war, sollten sich erst in den Gründerjahren nachteilig auswirken. Die Saartalbahn umging in einem weiten Bogen die Festung, die Großindustrie wählte andere Standorte. Gegen die Konkurrenz verkehrsgünstigerer Städte konnten sich Handel und Handwerk nur noch unzulänglich behaupten. Für die wirtschaftliche Entwicklung wurde der Festungsgürtel zu einer unerträglichen Belastung.

Als die Militärverwaltung 1889 endlich die Entfestigung anordnete, leistete man gründliche Arbeit. Die Gräben wurden zugeschüttet, die Wallmauern geschleift. Auch die beiden Stadttore fielen. Was damals dem Kahlschlag entging, hat die Gegenwart für sich wiederentdeckt und liebevoll restauriert: Die Mauerwerke am Saaraltarm, die Bastion »Albrecht«, den Contregarde Vauban, Teile der Schleusenbrücke, die Kasematten. Heute sind diese Anlagen friedliche Zeugen einer kriegerischen Vergangenheit.

Nach der Entfestigung wuchs die Stadt sehr schnell über ihre alten Grenzen hinaus. Die Pfarrkirche St. Ludwig hatte sich schon einige Jahre früher aus ihren alten Dimensionen gelöst. An die Stelle des bescheidenen Barockturms, den eine Brandkatastrophe zerstört hatte, war eine neugotische Turmfassade getreten, deren monumentalen Maße damals die Größenverhältnisse am Großen Markt sprengten.

Nun wurden auch viele der zweigeschossigen Bürgerhäuser aufgestockt oder im Stile der Wilhelminischen Ära durch »stattlichere« Gebäude ersetzt. So ging die Geschlossenheit des Stadtbildes schon bald verloren. Die Unausgewogenheit dieser Entwicklung ist in Saarlouis noch immer erkennbar. Aus heutiger Sicht wirkt sie jedoch eher reizvoll als störend.

Jenseits der Hauptgräben entstand die »Neustadt«. Saarlouis hatte die Schlichtheit der Festungsjahre abgelegt. Bürgerwohlstand dokumentierten nicht nur die Villen am Ludwigsglacis. Auch die Behörden, Schulen und Gerichte, die nun in die neuen Stadtviertel drängten, orientierten sich an den historisierenden Formen ihrer Zeit. Nur der Neubau des Landratsamtes griff noch einmal auf den Barockstil früherer Jahre zurück. Die evangelische Kirche folgte dem Vorbild der deutschen Renaissance, nahm aber auch Elemente der Romanik und des Jugendstils mit auf.

Obwohl es an Tatkraft und Ideen nicht fehlte, war der wirtschaftliche Rückstand gegenüber den anderen Saarstädten nicht mehr aufzuholen. Die

sanat demeuraient certes tributaires des commandes passées par la garnison, mais la prospection de nouveaux marchés n'était pas, sans promesses. Les habitants vaquaient à leurs affaires et s'épanouissaient dans la quiétude contemplative du style «Biedermeier»; aussi les idées libérales de la Révolution de 48 ne trouvèrent-elles chez eux que de faibles échos. Cette attitude apolitique devait néanmoins évoluer par la suite: le «Kulturkampf» bismarckien se heurta à la vive résistance des catholiques de Sarrelouis.

Mais Sarrelouis en tant que forteresse, était désormais tournée contre la France. Les ouvrages défensifs furent constamment renforcés, complétés et rénovés, et les vieilles casernes françaises reconstruites. C'est ainsi qu'apparurent, sur un arrière-plan baroque des formes architecturales classiques. De cette époque datent les casernes IV, VI et X, aujourd'hui utilisées à des fins culturelles ou économiques.

Les troupes en garnison changeaient fréquemment et, parmi elles, le 30e Régiment d'Infanterie acquit une grande popularité grâce à sa musique dont la qualité lui valut la renommée d'un véritable orchestre symphonique. C'est également des rangs du 30e R.i. qu'est sorti le grand acteur Gustav Gründgens, engagé volontaire, dont l'unité découvrit au front le grand talent dramatique. Gründgens lui-même devait dire plus tard: «c'est là que se détermina tout mon avenir».

Les limites que sa construction militaire assignaient à la périphérie de la ville se révélèrent source d'inconvénients. Le chemin de fer qui passait par la vallée de la Sarre contournait très loin la ville fortifiée et l'industrie lourde alla s'installer ailleurs. Ainsi, le commerce et l'artisanat de Sarrelouis ne purent-ils faire face à la concurrence de villes mieux desservies par les moyens de communication. Son enceinte fortifiée s'avéra être un sérieux obstacle à son développement économique. On comprend alors que, lorsqu'en 1889, l'administration militaire ordonna enfin le démantèlement des fortifications, le travail ait été mené à fond: fossés comblés, remparts rasées, portes de la ville abattues. Ce qui échappa à la démolition, redécouvert depuis, a été restauré avec beaucoup de soin: ainsi les murs de l'ancien bras de la Sarre, le bastion «Albrecht», la contrescarpe Vauban, les vestiges du pont de l'écluse, et les casemates. Il ne reste plus là, désormais, que les témoins pacifiques d'un passé guerrier.

Après la disparition des fortifications, la ville ne tarda pas à déborder de ses anciennes limites. Quelques années auparavant, l'église paroissiale Saint-Louis s'était libérée de l'étroitesse de ses dimensions premières. A la place du modeste clocher baroque détruit par un incendie en 1880 s'élançait maintenant une tour néo-gothique dont

verlorenen Absatzmärkte ließen sich nur teilweise zurückgewinnen. Bedeutende Industrieansiedlungen blieben ganz aus.

Der Deutsch-französische Krieg und die Gründung des Kaiserreiches hatten auch in Saarlouis ein Gefühl nationaler Größe ausgelöst, das die französischen Traditionen allmählich verdrängte. Die Materialschlachten des 1. Weltkrieges zerstörten schließlich auch die letzten Bindungen. Saarlouis verstand sich nunmehr als die »Stadt mit dem französischen Namen und dem deutschen Herzen«.

Nach dem Saarreferendum erschien auch der französische Name nicht mehr tragbar und verfiel der Germanisierung. Saarlouis hieß nun Saarlautern. Die Stadt verlor 1936 ihren alten Namen und gewann als Gegengabe vier neue Stadtteile hinzu. Fraulautern, Lisdorf, Beaumarais und Picard. Roden war bereits 1907 eingemeindet worden.

Saarlautern wurde deutsche Garnison und – in einem moderneren Sinne – auch wieder Festung. Der Westwall verlief auf der rechten Saarseite und schnitt dort mit seiner Hauptverteidigungslinie die bebauten Ortslagen. Gegen Kriegsende – 1945 – war dieser Abschnitt drei Monate lang erbittert umkämpft. Als er endlich fiel, hatten Bombenangriffe und Bodenkämpfe den Stadtkern zum Teil, Roden und Fraulautern fast völlig zerstört.

Die Notzeiten der Nachkriegsjahre und die politische Ernüchterung, die dem totalen Zusammenbruch folgte, rückten Saarlouis wieder näher an Frankreich. Der utopische Plan der französischen Militärbehörden, Saarlouis zur zweiten Großstadt an der Saar fortzuentwickeln, mußte aber letztlich an der Wirklichkeit scheitern. Dennoch vollzog sich der Wiederaufbau des Stadtkerns nach einer einheitlichen Planung. Auf ihrer Grundlage entstanden die Geschäftshäuserblocks und das Rathaus, deren Ensemble auf die Bauformen der Altstadtviertel Bezug nimmt und in Verbindung mit dem Großen Markt trotz einer gewissen Gleichförmigkeit der City ihren hellen und großzügigen Charakter gibt.

Mag eine dreihundertjährige Stadtgeschichte im Vergleich mit älteren Städten auch bescheiden wirken – kaum eine andere Stadt mußte die deutsch-französischen Gegensätze so unmittelbar und nachhaltig erleiden. Bis in die fünfziger Jahre blieben hier geschichtliche Bezüge auch politisch aktuell. Je nach Interessenlage wurden den Bürgern Marschall Ney oder General von Lettow-Vorbeck als Vorbilder präsentiert. Immer wieder haben sich in Saarlouis die Wechselfälle der Geschichte auch im Wechsel des Ortsnamens und der Straßenbezeichnungen ausgedrückt. Erst nach dem zweiten Saarreferendum 1955 vermochte die Stadt ihre geteilte Geschichte endlich als Einheit zu begreifen.

le caractère monumental rompait les proportions de la place du Grand Marché. De nombreuses maisons à deux étages furent, surélevées ou remplacées par des constructions plus imposantes dans le style wilhelminien. Mais ce vaste mouvement estompa fortement l'homogénéité de l'ensemble urbain. L'aspect chaotique de l'évolution a d'ailleurs laissé des traces à Sarrelouis, où le regard, cependant, reste plus agréablement charmé qu'il n'est heurté.

Une «Ville Nouvelle» s'est donc développée au delà des limites fixées par les anciens remparts, consommant la rupture avec la simplicité architecturale dominant au temps des fortifications. Mais les hôtels particuliers situés sur le «Glacis de Louis» ne sont pas seuls à attester du bien-être et de la richesse d'alors: bâtiments administratifs, écoles, tribunaux s'orientaient, dans les nouveaux quartiers, vers les formes au goût du jour. Seuls les bureaux du chef de district étaient revenus au style baroque des années antérieures. Le temple fut construit dans le style de la Renaissance allemande, tout en empruntant des éléments à l'art roman et au «Jugendstil».

Bien que l'on ne manquât ni d'énergie ni d'idées, on ne parvint pas à rattraper le retard économique pris sur les autres villes de la Sarre. Les marchés perdus ne furent que partiellement reconquis et aucune implantation industrielle d'importance ne fut possible.

La guerre de 1870/1871 entre la France et la Prusse, suivie de la naissance de l'Empire, avait suscité, à Sarrelouis comme ailleurs, un sentiment de grandeur nationale qui supplanta progressivement les traditions françaises. Ensuite, les pertes matérielles dues à la première guerre mondiale eurent raison des dernières attaches. Sarrelouis se voulut désormais «ville au nom français et au cœur allemand». Puis on ne tarda pas à penser que le nom français lui-même ne pouvait plus être porté: on le germanisa en Saarlautern, avant de rattacher en 1936 de nouvelles agglomérations à la ville: Fraulautern, Lisdorf, Beaumarais, Picard, Roden – qui avait déjà été intégrée en 1907 – et Fraulautern devinrent de véritables banlieues, tandis que les trois autres centres gardaient leur caractère villageois.

Saarlautern, garnison allemande, était redevenue, mais au sens moderne cette fois, une place-forte. Les remparts à l'ouest suivaient la rive droite de la Sarre, leur ligne de défense principale traversant les localités antérieurement construites. Vers la fin de la Seconde guerre mondiale,en 1945, ce territoire fut pendant trois mois le théâtre de combats acharnés. Lorsque la ville se rendit enfin, bombardements et combats au sol avaient partiellement détruit son centre et presque totalement anéanti Roden et Fraulautern.

Der Altsaarlouiser Dialekt übte dagegen schon früh deutsch-französische Koexistenz. In die moselfränkische Mundart der Bevölkerung waren vielfältige französische Sprachelemente eingegangen, unter deren Einfluß sich eine eigenwillige Umgangssprache mit gallizistischen Wendungen, seltsamen Doppelungen (emmer tuschur = immer toujours) und einem merkwürdig singenden Tonfall herausgebildet hatte. Heute ist diese Mundart ein aussterbender Dialekt, der bald nur noch in schriftlichen Aufzeichnungen überliefert sein wird. In diesen »Altsaarlouiser Lügengeschichten« und »Saarlujer Vozehlcher« werden auch die beiden Aufschneider Michel Tonton und François Bamberger fortleben, die sich respektlos neben die Großen der Weltgeschichte stellten und mit ihnen vertraute Umgang pflegten. Sie vermitteln noch etwas von der leichtlebigen Unbekümmertheit der Altsaarlouiser, die sich als schlitzohrige Lebenskünstler mit den widrigen Zeitläufen einzurichten verstanden.

Diese alten Erzählungen berichten auch von dem Mißgeschick des braven Soldaten Lacroix, den die abrückenden französischen Truppen 1815 auf dem »Halben Mond« vergaßen und den die Preußen seinen vergeßlichen Kameraden nachschickten. In der Bevölkerung ist dieser liebenswerte Antiheld bis heute so populär geblieben, daß man ihm neben dem Riesenstandbild des Marschall Ney ebenfalls ein Denkmal setzte.

Sein historisches Erbteil hat Saarlouis konsequent in die städtische Infrastruktur eingebracht. Alte Bauwerke wurden für neue Aufgaben restauriert und so wieder ihrem Charakter entsprechend ins öffentiche Leben einbezogen. An die Stelle der Wallgräben sind breite Alleen getreten, auf den ehemaligen Festungsglacis wurden ausgedehnte Parks angelegt, und im Herzen der Stadt haben sich die alten Stadtmauern mit der Flußlandschaft des Saaraltarms zu einem reizvollen Naherholungsgebiet verbunden.

Aber Saarlouis lebt nicht allein aus seiner Geschichte. Auch die Gegenwart baut an der Stadt mit und macht sie erst zu einem lebendigen Organismus. Doch kann nicht alles, was sich an moderner Architektur ins Stadtbild einfügte, ästhetisch überzeugen. Es gibt aber auch gelungene Beispiele. Zu ihnen zählt die Pfarrkirche St. Ludwig, die ihren neugotischen Turm mit den klaren Strukturen einer Betonkonstruktion verbindet.

Im übrigen blieben die Neubauprojekte der City den Maßstäben der Altstadtviertel verpflichtet. Nur außerhalb des früheren Festungskerns haben einige Hochhäuser punktuell zu einer baulichen Konzentration geführt.

Heute ist Saarlouis ein modernes Mittelzentrum, das in seiner Leistungsfähigkeit sicher weiß und die Konkurrenz der Nachbarstädte nicht fürchtet.

Les vicissitudes de l'après-guerre et l'immense désillusion politique qui avaient succédé à l'effondrement amenèrent Sarrelouis à se rapprocher de la France, mais le projet utopique de faire de cette cité la deuxième grande ville de la Sarre échoua finalement sous la pression des réalités. La reconstruction de la ville s'accomplit cependant selon un plan cohérent, sur la base duquel sortirent de terre les magasins et l'Hôtel de Ville, dont l'ensemble s'inscrit bien dans le tracé rectangulaire de la voirie, sans dommage pour les formes architecturales des vieux quartiers. Les parties reconstruites et le grand Marché confère à la cité, malgré leur uniformité, un aspect vaste et aéré.

Trois cents ans d'histoire de Sarrelouis sont peut-être peu de chose par rapport à ce qu'ont vécu d'autres villes de tradition plus ancienne. Il n'en reste pas moins vrai que presqu'aucune autre n'eut à vivre les antagonismes entre la France et l'Allemagne de façon aussi directe ni à en supporter aussi longtemps les conséquences. Jusqu'aux années 50, les références historiques demeurèrent d'une actualité brûlante dans le discours politique.

Selon les besoins de la cause, on présentait en modèles aux citoyens, alternativement le Maréchal Ney ou le Général von Lettow-Vorbeck. Les changements de noms de quartiers et de rues ont toujours reflété les aléas de l'Histoire. Ce n'est qu'après le second référendum de 1955 en Sarre, qu'a pris fin la querelle franco-allemande sur l'histoire de la ville.

Par contre, le vieux dialecte du pays ne tarda pas à favoriser une forme de coexistence franco-allemande. De nombreuses tournures linguistiques françaises étaient, en effet, passées dans le patois de la région mosellanne et franconienne, où leur influence façonna un parler truffé de gallicismes et d'expressions étrangement redoublées («emmer tuschur» pour «immer toujours») prononcé avec une intonation curieusement chantante.

De nos jours, c'est un idiome qui se perd et ne se retrouvera plus que dans des écrits qui seuls le transmettront. Des recueils d'anecdotes et d'historiettes comme les «Altsaarlouiser Lügengeschichten» ou «Saarlujer Vozehlcher» continueront de faire vivre les deux fanfarons Michel Tonton et François Bamberger, qui se plaçaient sans vergogne auprès des Grands de ce monde et étaient avec eux à tu et à toi. A travers eux transparaît un peu de l'insouciance des vieux Sarrelouisiens, petits malins qui connaissent l'art de vivre et savent se tirer d'affaire dans l'adversité. Ces vieux récits décrivent aussi les malheurs du brave soldat Lacroix, que les troupes françaises qui évacuèrent la ville en 1815 avaient oublié sur la «Demi-Lune» et que les Prussiens renvoyèrent à ses camarades distraits. Cet aimable antihéros a gardé jusqu'à

Mit über 8 000 Beschäftigten stellen die Ford-Werke das größte Unternehmen, sind gleichsam das industrielle Rückgrat der Stadt. Deren wirtschaftliches Fundament ist jedoch wesentlich breiter angelegt und gründet sich zusätzlich auf ein differenziertes Produktionspotential, ein attraktives Einkaufszentrum und ein vielfältiges Dienstleistungsangebot.

Wirtschaftlicher Ehrgeiz ist Saarlouis also keineswegs fremd. Dennoch hat die Stadt ihre menschliche Atmosphäre bewahrt – freilich ohne mit idyllischen Attitüden zu kokettieren. Von ihr geht eine unaufdringliche Lebensfreude aus, die sich nicht in ihrer Gastronomie und in ihren zahlreichen Volksfesten erschöpft, sondern auch den alltäglichen Umgang bestimmt.

Die unlösbaren Gegensätze zwischen Tradition und Fortschritt, zwischen Ökonomie und Lebensqualität haben in Saarlouis zu einem verträglichen Miteinander gefunden. Sie sind Einheit und reizvoller Kontrast zugleich. Aus ihnen gewinnt die Stadt ihre Unverwechselbarkeit und ihre liebenswürdige Ausstrahlung. Als Sinnbild trifft die Sonne, die Louis XIV einst seiner Stadt ins Wappen setzte, heute die Wirklichkeit mehr denn je.

Hans-Jörg Schu

nos jours une telle popularité locale qu'on lui a élevé un monument à côté de l'immense statue du Maréchal Ney.

Sarrelouis a su judicieusement intégrer ses quartiers historiques à l'infrastructure urbaine actuelle. D'anciens édifices publics, restaurés, ont conservé leur caractère d'autrefois, alors même qu'ils sont aujourd'hui affectés à de nouveaux usages. De larges allées ont été aménagées sur les fossés de jadis; des parcs ont remplacé les glacis de l'ancienne forteresse; au cœur de la ville, les remparts ont été reliés au vieux bras de la Sarre pour former un merveilleux espace de détente et de repos.

Sarrelouis, cependant, ne vit pas que de son passé. Le présent aussi joue son rôle. On ne peut certes pas prétendre que tout ce que l'architecture moderne a apporté au visage de la ville soit d'une esthétique convaincante; il y a néanmoins des exemples de réussite en ce domaine, parmi lesquels l'Église Saint-Louis, qui harmonise son clocher néo-gothique avec les structures dégagées d'une construction en béton.

En outre les cahiers des charges d'urbanisme contraignent les nouveaux projets d'aménagement l'aspect et les dimensions des quartiers de la vielle ville. Ce n'est qu'à l'extérieur de ce qui fut jadis le cœur de la citadelle que quelques grands ensembles se trouvent, çà et là, concentrés.

Aujourd'hui, Sarrelouis est une ville moyenne moderne, qui sait ce dont elle est capable et ne craint pas a concurrence des villes voisines. Avec plus de huit mille salariés, les usines Ford sont la plus grosse entreprise, et l'élément essentiel de l'industrie de la ville. Son économie repose cependant sur des bases très differenciées de production de grandes, petites et moyennes entreprises, ainsi que sur l'attrait exercé par les magasins de son centre commerçant et la variété des services qu'il offre.

L'ambition en matière économique est donc, pour Sarrelouis, un sentiment qui ne lui est en aucune façon étranger, encore que la ville ait su conserver son ambiance humaine, et cela très naturellement et sans affectation. La joie de vivre, qui émane d'elle sans s'imposer à personne, n'est pas seulement perceptible dans sa gastronomie lors des très nombreuses fêtes populaires, mais dans l'existence quotidienne.

On est parvenu, par delà les contradictions insolubles entre tradition et progrès, économie et qualité de la vie, unité et contrastes, à trouver à Sarrelouis un modus vivendi parfaitement satisfaisant. La ville en tire son originalité et son rayonnement. Symbole que jadis Louis XIV octroya au blason de sa ville, le Soleil, aujourd'hui plus que jamais, est à Sarrelouis l'image de la réalité.

Vauban, der Baumeister des Französischen Königs Ludwig XIV.

Sébastien Le Prestre de VAUBAN – 1633–1707

Vauban, der Baumeister des Französischen Königs Ludwig XIV.

Sébastien le Prestre de Vauban wurde 1633 in Saint-Léger-de-Foucheret, heute Saint-Léger-Vauban, bei Dijon in Nordburgund geboren.

Er tritt als junger Kadett in die französische Armee ein, wird königlicher Generalkommissar für Festungswesen und 1703 Marschall von Frankreich. Vauban stirbt 1707 in Paris.

Er baute 33 Festungen und verbesserte 300 solcher Anlagen.

Im August 1670 ließ König Ludwig XIV. das Herzogtum Lothringen besetzen.

Ludwig XIV., seine politischen und militärischen Ratgeber rechneten 1672 damit, daß es an Mosel und Oberrhein zu Kämpfen kommen würde und trafen die notwendigen Sicherungsmaßnahmen.

Vier neue Festungen entstanden: **Longwy, Hünningen, Phalsbourg** und **Saarlouis.**

Longwy – entstand zwischen August 1679 und 1683, als regelmäßiges Sechseck mit sechs Bastionen.

Hünningen – von Mitte Oktober 1679 bis 1682, als regelmäßiges Fünfeck mit fünf Bastionen für eine Garnison von 3 000 bis 4 000 Mann.

Phalsbourg – von Herbst 1679 an als Oval mit sechs Bastionen für eine Garnison von etwa 1 200 bis 1 500 Mann.

Saarlouis – von Frühjahr 1680 bis 1686, als regelmäßiges Sechseck mit sechs Bastionen und einem Hornwerk auf dem rechten Saarufer für 1 000 Mann zu Pferd, und 3 500 Mann zu Fuß.

Die Festung und ihre Einrichtungen

Beschreibung der Werke

Ein Gouvernementsbericht von 1787 gibt uns ein klares Bild der ursprünglichen Festungsanlage:

Saarlouis bildet ein ziemlich regelmäßiges Rechteck mit sechs Bastionen, welche, durch starke Wälle miteinander verbunden, die innere und Hauptfestungsmauer abgaben. Fünf dieser Festungsmauern oder Courtinen haben 180 Toisen Länge = 351 m (1 Toise = 1,95 m) und kleine Werke (TENAILLEN) vor sich, welche wiederum von fünf Halbmonden (Demilunes), in Steinen aufgeführt, umgeben sind. Die sechste Courtine, welche die Saarseite bildet, hat 230 Toisen = 466 m Länge und ist durch eine Faussebray (niedrigen Wall) und, auf der anderen Seite, durch die Werke des Brückenkopfes (Hornwerk) gedeckt. Die Brücke über dem Fluß – 1777 wurde sie neu gebaut – hat doppelte Schleusen, die vermittels Balken den größten Teil der Umgebung der Stadt unter Wasser setzen können. Die Schleusen bilden somit die Hauptverteidigungswerke der Festung und sind oberhalb durch ein hufeisenförmiges Werk (FORT CHOISY) und unterhalb durch die von der Saar umgebene – CONTRE GARDE VAUBAN – (Außenwerk) geschützt. Der Graben der diese inneren Werke umgibt, ist mit gut verdeckten Wegen umgeben und kann zu jeder Zeit mit Wasser gefüllt werden. Vor diesen verdeckten Wegen sind wiederum Vorgräben, in welchen neun REDOUTEN (Schanzen) in Stein aufgeführt stehen.

Allen diesen Werken folgen nun die Glacien und Vorglacien. Dann befindet sich in der Ebene von Lisdorf ein Erdwerk, genannt – retranchement des Capucines – (das spätere Fort Rauch), welches durch einen gedeckten Weg mit den Werken in Verbindung steht, den Übergang über die Saar verhindert und den Feind, der sich auf der französischen Seite in der Nähe der Gärten oder Meiereien verschanzen würde, in die Flanke nehmen kann.

Die Festung war eine „Inundationsfestung" (Überschwemmungsfestung) Gräben und umliegendes Gelände konnten durch die Schleusen an der großen Saarbrücke, die auf zehn Pfeilern stand, unter Wasser gesetzt werden. Neben vierzehn kleineren Einlaßschleusen gab es noch vier Auslaßschleusen.

Auf zwei Pfeilern der Brücke erhob sich die Bannmühle bis 1742. 1777 und 1843 wurde die schadhafte Brücke erneuert. Sie behinderte die Saarschiffahrt nicht, nur mußten an dieser Stelle die Halfen ihre Pferde ausspannen und die Schiffer brachten ihre Schiffe mit Hilfe von langen Stangen unter der Brücke hindurch.

Bis zur Entwicklung der modernen Artillerie galt die Festung Saarlouis als uneinnehmbar.

Dreimal war sie im Laufe ihrer Geschichte belagert, aber niemals erobert worden.

Ihr innerer Verteidigungsring bestand aus sechs hohen BASTIONEN, die durch starke Wälle (Courtinen) verbunden waren.

Das rechte Saarufer wurde schließlich durch ein Hornwerk gedeckt, das im Auslaufsystem der Gesamtfestung entsprach und unter anderem mit zwei Halbbastionen und einem Ravelin befestigt war.

Plan der Festung und Beschreibung der Werke aus dem Buch Saarlouis von Ludwig Karl Balzer Teilbericht aus der Festschrift der Freiwilligen Feuerwehr 1811–1911

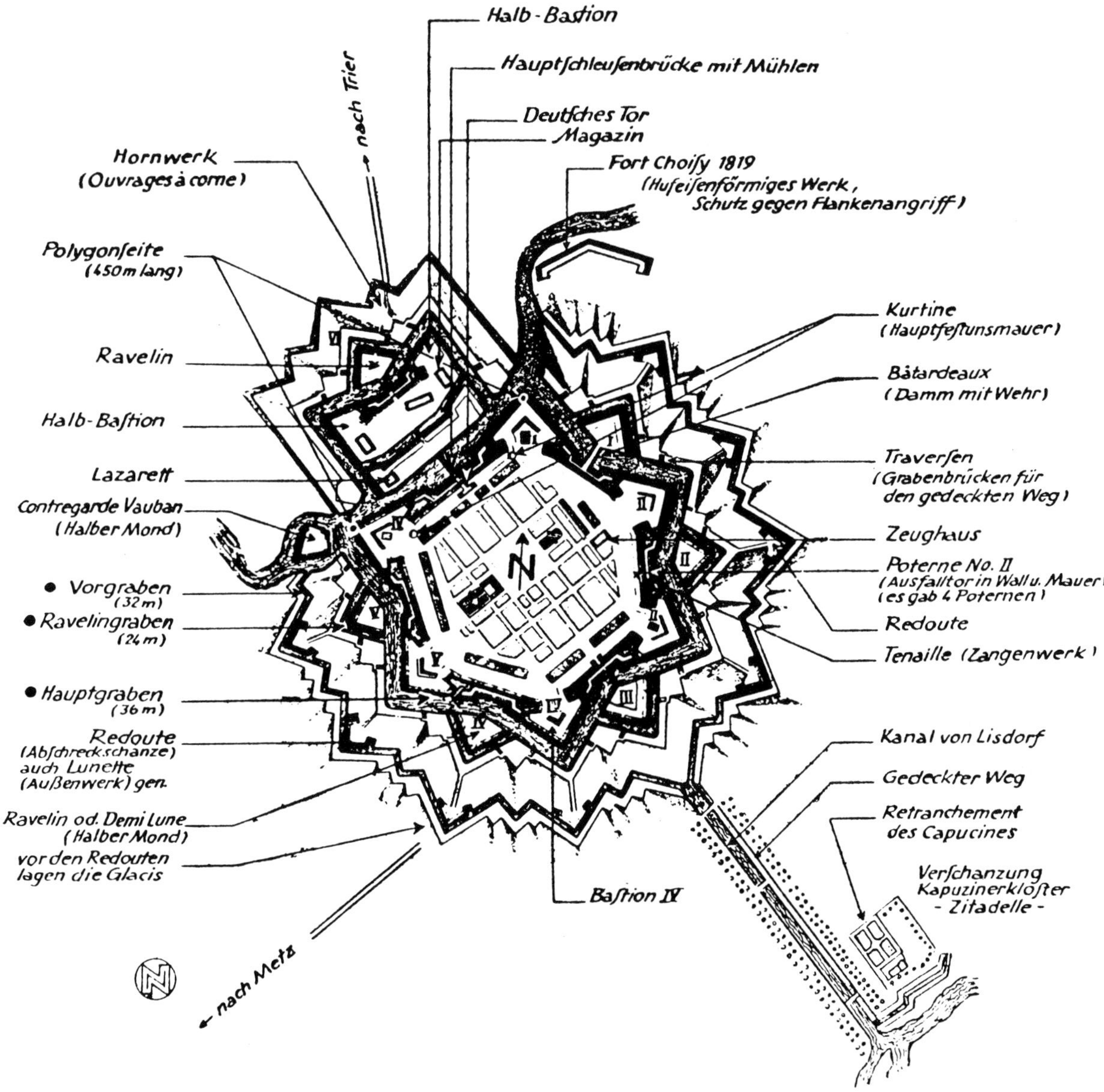

Plan der Festung Saarlouis

Das »Deutsche« und das »Französische« Tor

Das »Deutsche Tor« stand zwischen den beiden Kasematten, die heute noch vorhanden sind

Hinter dem »Deutschen Tor« lag ein langgestreckter Bau – das Proviant-Magazin

Die Entfernung zwischen dem **Deutschen Tor** und dem **Französischen Tor** betrug 450 Meter

Bekanntmachung.

Infolge des heute beginnenden **Abbruches der Poterne I.** (Fraulauterner Poterne) und des schlechten Zustandes der von dieser nach dem Gaswerke führenden **Brücke** wird bis auf weiteres der **Verkehr** über diese letztere für **Tiere, Reiter** und **Fuhrwerk** mit dem **heutigen Tage** und für **Personen** mit dem kommenden **Freitag,** morgens früh, untersagt. Der Wiederbeginn des Verkehres wird bekannt gegeben werden.

Saarlouis, den 19. August 1891.

Königl. Kommandantur,	**Die Polizei-Verwaltung,**
Wild,	Der Bürgermeister,
Generalmajor u. Kommandant.	**Titz.**

Aus dem Saarlouiser Journal von 1891

Die beiden Stadttore waren Sinnbilder der Einengung der Stadt, deren Ausweitung sie zu einer Zeit verhinderten, in der sich Nachbardörfer zu bedeutenden Industrieorten entwickelten.

Im Juli 1889 wurden die Niederlegung des Französischen Tores und die Anlegung eines direkten Verbindungsweges nach Lisdorf beschlossen. Den Eintritt in das Jahr 1890 feierten die Saarlouiser in der Freude über die Niederlegung des Französischen Tores, das im Gegensatz zum bescheideneren Deutschen Tor ein stattliches Bauwerk war, dessen mächtige Sandsteine zum größten Teil bei Oberfelsberg gebrochen worden waren. Über dem Tor war in einem hohen Steinsockel der preußische Adler eingemeißelt, den die Königskrone überragte.

Die Bürgerschaft der Stadt Saarlouis hatte allen Grund, sich 1889 über die Schleifung der Festungswerke zu freuen. Voraus gingen Maßnahmen zur Verbreiterung der allzu schmalen Torpassagen. Am 12. April 1885 erfuhren die Bürger den Beschluß über die Verbreiterung der Deutschen-Tor-Passage, für die vom Reichsschatzamt ein Betrag von 70 000 Reichsmark zur Verfügung gestellt wurde. Die Planung sah die vollständige Abtragung des Tores vor. Ferner sollte die Saarbrücke durch Anlegung von Gehsteigen auf die vorspringenden Brückenpfeiler verbreitert werden. Der vorhandene Weg sollte den Fuhrwerken vorbehalten bleiben. An Markttagen hatte er sich schon längst als zu schmal für den Fuhr- und Gehverkehr erwiesen. Im Herbst 1886 war das Deutsche Tor abgetragen.

Deutsches Tor von außen.

Das Deutsche Tor wurde 1886 abgetragen.

Beseitigung der »Torpassage« des »Proviantamtes« – 1897.

Die gleiche Stelle – heute 1991.

»Deutsches Tor«.

Am »Deutschen Tor« – 1991.

Preußenkrone

und

Preußenadler

Innenansicht des »Französischen Tores« um 1800.

Das »Französische Tor« wurde 1890 abgetragen.

»Französisches Tor« mit Grabenbrücke (heute Hohenzollernring).

Die Stelle des »Französischen Tores« nach der Beseitigung um 1893. Außenansicht mit Graben und Brücke in Richtung Lisdorfer Straße.

»Pavillonstraße-Ost« von der »Deutschen Straße« aus 1947.

»Pavillonstraße-Ost« von der »Deutschen Straße« aus, hinten links die »Kaserne I« – 1991.

»Pavillonstraße-Ost« – rechts »Kaserne I« – erbaut 1683, heute noch erhalten – 1991.

Gelände am Saaraltarm mit »Kaserne I« im Hintergrund.

Hinter den »Kasematten«.

Die »Kasematte« – heute Restaurant »Lange Theke«.

»Kaserne I« – links Blick zur »Deutschen Straße« –1991.

»Kasematten«.

»Kaserne I« – im Vordergrund »Anton-Merziger-Ring« – 1991.

Partie am Saaraltarm.

Die Vaubaninsel

Festungsanlage Bastion Wallerfangen (Bastion Albrecht) und »Contregarde Vauban« im Zustand von 1880.

Festungsgraben mit Wasser gefüllt.

Hauptgraben zwischen Bastion V und VI.

Kreuzung Vaubanstraße und Luxemburger-Ring 1991. An dieser Stelle verlief damals die Grabenbrücke.

»Contregarde Vauban« (Festungsinsel – Halber Mond) um 1880.

Festungsinsel mit Garnisonslazarett.

»Contregarde Vauban« um 1914 mit Blick auf das »Garnisonslazarett«.

Anstelle des ehem. Garnisonslazaretts, später Gertrudenstift, steht heute das Staatl. Gymnasium, das am 7. November 1960 eingeweiht wurde.

Die Vaubaninsel – Ein ehemaliges Festungswerk zum Schutze der Schleusenbrücke. Hier wurde ein Speiselokal eingerichtet »Die Insel«.

Die Übergabe der Festung an die Preußen 1815

Am 1. Dezember 1815, früh morgens um 9 Uhr verlassen die französischen Besatzungstruppen die Festung und Stadt Saarlouis. Eine Stunde später ziehen die preußischen Truppen ein

Ein preußischer Offizier begleitet die französischen Truppen auf dem Marsch nach Metz

Lacroix sur la demi-lune.
Reproduction d'un dessin exécuté vers 1830.

»Grenadier Lacroix«

Das Denkmal von dem kleinen »Grenadier Lacroix« steht heute an der Brücke, die von der Vaubanstraße (gegenüber dem Roten Kreuz Krankenhaus) zur Vaubaninsel führt.

Seine überlieferte Geschichte: die abrückenden Franzosen hatten ihn 1815 einfach vergessen. Der brave Soldat hielt ahnungslos weiter Wache auf dem »Halben Mond«.

Am nächsten Tag fanden ihn die Preußen, verpflegten ihn, um ihn dann seinen vergeßlichen Kameraden nachzuschicken.

Saaraltarm – zwischen Vaubaninsel und Schleusenbrücke.

Blick zur »Bastion VI« und »Vauban-Insel« – 1991.

»Bastion VI« – heute Speiselokal – 1991.

Bastion VI – heute Restaurant.

Bastion VI.

Die »Schleusenbrücke« und das »Garnisonslazarett«

Die »Alte Saarbrücke« war früher die Festungsbrücke. Sie diente als Hauptschleuse im Verteidigungssystem der alten Festung. Bis ins 19. Jahrhundert gab es außer ihr von Saarbrücken bis Konz keine feste Brücke über die Saar. Die Brücke und das Garnisonslazarett wurden 1685 errichtet.

Saarlouis wurde als Überschwemmungsfestung (Inundationsfestung) konzipiert.

In den alten Pfeilern sind noch die Einschübe der Schleusenbretter erkennbar. Wurden sie von der Brücke her eingeführt, staute sich die Saar.

Schleusenbrücke mit Garnisonslazarett um 1930.

Mit dem Bau des Garnisonslazarettes wurde 1680 begonnen. 1685 wurde es vollendet (abgebrochen 1957).

Saarbrücke mit »Dampfbahn« um 1900 »Der feurige Elias«.

Die alte Saarbrücke mit Garnisonslazarett.

Auf der Schleusenbrücke (Alte Saarbrücke) um 1950.

Das »Garnisonslazarett« – später Gertrudenstift.

Bau des Staatlichen Gymnasiums auf dem Gelände des Garnisonslazaretts 1959.

Rote Kreuz Schwestern und verwundete Soldaten im Garnisonslazarett.

Auf Befehl Seiner Majestät des Königs

bezeugt die Generalkommission in Angelegenheiten der Königlich Preußischen Orden hierdurch, daß Seine Majestät der Hilfsschwester Maria Haine zu Saarlouis

die Rote Kreuzmedaille dritter Klasse

zu verleihen geruht haben. Zur Beglaubigung ist dieses Zeugnis unter unserer Unterschrift und Siegel ausgefertigt worden.

Berlin, den 30 September 1918.

Generalkommission in Angelegenheiten der Königlich Preußischen Orden.

v. Kanitz.

Kasernen,
Festungsmauern
und Gräben

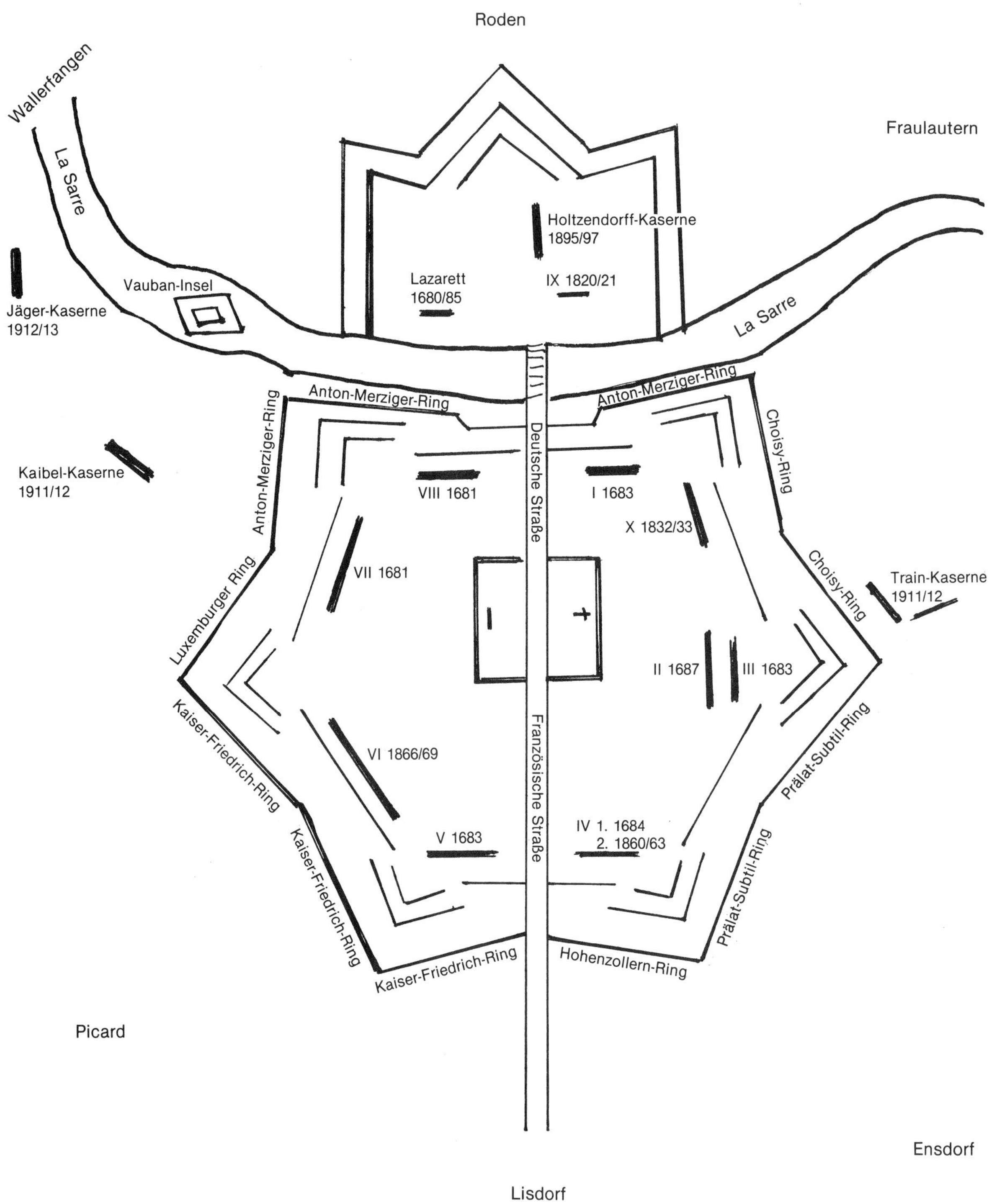

Die Standorte der Kasernen (Übersichtsplan).

Die Kasernen zeichnen die Konturen des »Sechseck«, wie es Vauban einst geplant.

Kaserne I
in der Pavillonstraße – Ost (noch erhalten)
Erbaut 1683; war die erste Mannschaftskaserne; darin: 1. Feldartillerie-Regiment Nr. 8.

Kaserne II
in der Kavalleriestraße
Erbaut 1687; zwischen Kaserne III und IV; abgerissen in den Jahren 1928 + 1937
darin: 3. Infanterie-Regiment Nr. 30 und 1. Feldartillerie-Regiment Nr. 8.

Kaserne III
in der Kavalleriestraße
Erbaut 1683; abgerissen 1928/1930
darin: 1. Feldartillerie-Regiment Nr. 8 und 2. Infanterie-Regiment Nr. 30.

Kaserne IV
an der Karcherstraße – Kleiner Markt
Erbaut 1684; wegen Einsturzgefahr 1839 geräumt und 1840 abgerissen.
Erst zwei Jahrzehnte später erfolgte der Neubau –1860/63 – als Ersatz für die alte Kasserne IV. (Durch explodierende Pulverfässer flog 1792 ein großer Teil der alten Kaserne IV in die Luft)
darin: 3. Infanterie-Regiment Nr. 30, und in der Kaserne VI.

Kaserne V
am Kleinen Markt – Lothringer Straße
Erbaut 1683; mit Arrestanstalt.
Die Arrestanstalt wurde 1885 erbaut und 1909 erweitert, abgerissen im November 1970.

Kaserne VI
an der alten Brauereistraße zwischen Kaiser Wilhelm- und Lothringer Straße, ist die längste Kaserne mit 160 Metern.
Erbaut 1866/69;
darin: 1. Preußisches Infanterie-Regiment Nr. 30, zuvor lag das Regiment in der »Kaserne IX« am Rodener Damm – später vom 1. Bataillon des Regiments Graf-Werder Nr. 30 bezogen.

Kaserne VII
an der Wallstraße
Erbaut 1681; abgebrochen 1877

Kaserne VIII
an der Saarstraße-Pavillonstraße-West (heute Parkplatz Pieper)
Erbaut 1681; abgebrochen 1956
darin: 3. Infanterie-Regiment Nr. 30. – 1. Feldartillerie-Regiment Nr. 8 im nordöstlichen Flügel, sogenannter Pavillon, bis 1896 »Offiziersspeiseanstalt« der Garnison.

Kaserne IX
am Rodener Damm auf dem ehemaligen Brückenkopf Kronprinz
Erbaut 1820/21;
darin: bis zum Abbruch 2. Infanterie-Regiment Nr. 30, danach verlegte man das Bataillon in die 1832/33 an der Kavalleriestraße erbaute »Kaserne X« (noch vorhanden).

Weitere Kasernen fanden ihre Standorte außerhalb des Stadtkerns

Holtzendorff-Kaserne
gegenüber dem Stadtgarten auf dem Gelände der ehemaligen »Kaserne IX« (Hornwerk)
Erbaut 1895/97; für das 1. Rheinische Feldartillerie-Regiment von »Holtzendorff« Nr. 8, das seit seiner Gründung im Jahre 1816 stets mit mehreren Truppenteilen in Saarlouis gelegen hat und 1888 endgültig mit allen vier Abteilungen in der Kreisstadt Quartier nahm.
Das Ende des Ersten Weltkrieges war auch das Ende des Regiments.
In der »Holtzendorff-Kaserne« nahmen 1918 französische Besatzungstruppen Quartier.
1960-62 wurde die »Kaserne« abgebrochen.

Kaibel-Kaserne
am Kaibel Platz – Louisen Ring und an der Wallerfanger Straße, als Infanterie-Kaserne für das 2. Infanterie-Regiment Nr. 30
Erbaut 1911/12; auf dem Kaibel-Platz – Vaubanstraße – Kaserne für eine Maschinengewehr-Kompanie.
In französischer Zeit nach 1918 erhält die Kaserne den Namen »Quartier Grenier«.
(Die »Kaibel-Kaserne« wurde 1928 für das Städtische Krankenhaus umgebaut).

Train-Kaserne
für das »Train-Bataillon« auf »Choisy«
Erbaut 1911/12; abgerissen in den 50er Jahren.
Aus Forbach kommt 1913 das lothringische »Train-Bataillon« Nr. 16 nach Saarlouis.

Jäger-Kaserne
An der Wallerfanger Straße 1912/13 gebaut, für das Jägerregiment zu Pferde Nr. 13

Graf-Werder-Kaserne
1936 wird in Saarlautern das III. Bataillon des Infanterieregiments 70, aus ostpreußischen Infanterie-Einheiten aufgestellt.
Das Bataillon übernimmt 1937 die Tradition des Infanterie-Regiments »Graf-Werder« Nr. 30.
Die »Jäger-Kaserne« heißt von diesem Zeitpunkt an »Graf-Werder-Kaserne«
1938 wird in der »Graf-Werder-Kaserne« aus den vorhandenen Einheiten das MG-Bataillon 13 aufgestellt.

Am 3. Mai 1972 hält die Luftlandebrigade 26 Einzug in die »Graf-Werder-Kaserne«.

Quartier-Ney

Im Juli 1945 lösen französische Truppen die US-Streitkräfte ab.

Die »Graf-Werder-Kaserne« erhält den Namen »Quartier Ney«.

(Am 14. Juli dem französischen Nationalfeiertag wird Saarlautern wieder in Saarlouis umbenannt.)

Zuerst bezog das Bataillon eines Infanterieregiments die Kaserne, später eine Abteilung eines Panzerregiments und seit 1960 eine Marine-Einheit.

Dem »Quartier-Ney« gegenüber in der Vaubanstraße steht das Hochhaus, in dem Unteroffiziere und Offiziere mit ihren Familien wohnten.

Die einstöckigen Häuser entlang der Wallerfangerstraße bis zur Brauerei wurden von 26 französischen Familien bewohnt.

Blick vom Gaswerkweg, rechts »Kaserne« I, in der Pavillonstraße.

Kasematte – von der Deutschen Straße aus – 1991.

Kasematte – rechts Kaserne I.

Ein großer Teil der Kaserne IV, an der Karcherstraße – Kleiner Markt erbaut 1684 – flog durch explodierende Pulverfässer 1792 in die Luft. Sie wurde 1840 abgebrochen. Zwei Jahrzehnte später, 1860, wird an gleicher Stelle eine neue Kaserne gebaut.

Karcherstraße – Kaserne IV – 1991.

Kleiner Markt vor dem ersten Weltkrieg um 1913 (links Kaserne V, rechts Kaserne IV.

»Kaserne VI«, vom Kasernenhof aus um 1915. Sie ist das längste Kasernengebäude mit 160 Metern Länge, zwischen der Lothringer- und Kaiser-Wilhelm-Straße, erbaut in den Jahren 1866/69.

Kaserne VI von der Kaiser-Wilhelm-Straße aus – 1991.

Blick von der Lothringer Straße in die Alte-Brauereistraße und Karcherstraße. Links – ein Teil der »Kaserne VI«, – rechts Peek und Cloppenburg auf dem Gelände der ehemaligen »Kaserne V« – 1991.

Ecke Karcher- und Alte Brauereistraße zur Lothringer-Straße mit dem Gebäude der »Saarbauindustrie« – 1991.

Rückwärtiger Teil der »Kaserne VI» – 1991.

»Alte-Brauerei-Strasse mit der 160 m langen »Kaserne VI« – 1991.

Hof der Kaserne VI.

Hinter der »Kaserne VI« – Blick zur Kaiser-Wilhelm-Straße mit Galerie Ludwig (ehemalige Reichsbank) – 1991.

*Bis 1918 diente der Große Sand in Fraulautern als Truppenübungsplatz.
Die Schießstände der Garnison lagen im Lachwald.*

Partie an der Saar mit Gaswerk und Militärschwimmanstalt.

»Kaserne IX«, am Rodener Damm, auf dem ehemaligen Brückenkopf »Kronprinz« in den Jahren 1820/21 erbaut. Darin lag bis zum Abbruch das II. Infanterie-Regiment N° 30.

Der Mauerdurchbruch auf dem rechten Saarufer am Gaswerkweg ist bis heute erhalten. Hier wurden die Pferde noch zu Beginn des Ersten Weltkrieges zur Pferdeschwemme getrieben. Heute befindet sich auf dem Gelände die Fa. Großklos und der Globus Baumarkt.

1832/33 wird die Kaserne X zwischen den »Bastionen Charlotte und Wilhelm« gebaut.

Darstellung des bekannten Kasernengebäudes mit preußischen Soldaten (Ulanen und Infanterie), Lithographie von F. A. Borchel um 1860.

Festungsgelände hinter Kaserne X.

Kaserne X an der Kavalleriestraße 1991.

Schleifung der Festung.
Die Stadt wird frei, Tore und Mauern fallen. Für Jahrzehnte wird die Stadt zur Baustelle.
1889 wurde mit der Schleifung der Befestigungsanlagen begonnen. Die Fotos zeigen die Mauern der Bastion II, hinter der Kaserne X, am Choisyring. Heute befinden sich an dieser Stelle das Fernmeldeamt und das Staatliche Gesundheitsamt.

Hinter der Kaserne X am Choisyring um 1889.

Vom Choisyring aus, rechts zur Kaserne X mit Turm der St. Ludwigskirche, links Canisianum.

Außerhalb des inneren Verteidigungsgürtels errichtete die Militärverwaltung auf dem »Ravelin I« 1821 das »Laboratorium«, in dem die Garnison fortan ihre Kartuschen füllt. In der Festung selbst zu laborieren, erschien allzu gefährlich. Immerhin waren 1792 in der »Kaserne IV«, vier Soldaten beim Kartuschenfüllen getötet worden.

Das Gebäude des »Laboratoriums« am »Choisyring« ist bis heute erhalten – 1991.

Hauptfestungsgraben 36 m breit an der Stelle, an der das gestaute Saarwasser im Verteidigungsfalle in das Grabensystem einfloß.
Links im Bild sieht man die zur »Bastion Kronprinz« gehörige Festungsmauer.
Rechts im Bild, hinter den Bäumen, dehnte sich das hufeisenförmige Werk »Choisy«.
(Fort »Choisy« 1819, hufeisenförmiges Werk, – fer a cheval – Schutz gegen Flankenangriff).

Schwere Tage,
Explosion auf Choisy 1916

Schwere Tage.

"Das waren Tage sondergleichen,
Die nie vergißt, wer sie durchlebt!
Es war, als ob ein sichtbar Zeichen
Der Ewigkeit herabgeschwebt."

Die Katastrophe des 14. Septbr. 1916

Zusammengestellt nach den Berichten des

„Saarlouiser Tageblatt"

Druck und Verlag von Franz Stein Nachf.
Hausen & Co., Saarlouis 1916.

Vorwort.

Noch pflanzt sich der Schrecken der Katastrophe des 14. September 1916 nachzitternd fort. Der Kriegsschnitter, dessen Alltagsgewand Grauen und Greuel ist, hat ein Hochfest hinter der Front gehalten. Tod weckt Totenklage, Massentod: Massenklage. Erschüttert und getroffen in die tiefste Seele haben wir Männer, unter den schrecklichsten Todeswehen geknickt und gebrochen, in die Erde gesenkt. Was wir an Erschütterung, aber auch an heiligem, brüderlichem Mitleid und Geschwisterschmerz durchlebt haben, es wird uns unvergessen bleiben. Noch in fernen Tagen wird man Kind und Kindeskindern erzählen, was wir Schreckliches sahen, Schreckliches durchlebt.

Die Erinnerung an diese schweren und trotz allen Jammers doch wieder so großen Tage festzuhalten, sei der Zweck dieses Schriftchens. Wir erfüllen mit der Herausgabe der Zeitungsberichte in geschlossener Form vielseitige, lebhafte Wünsche. Mögen die Leidtragenden aus der Rückerinnerung an die mächtige, überwältigende Kundgebung wenigstens einigermaßen Linderung und Tröstung in ihrem tiefen, herben Schmerze schöpfen!

Saarlouis, 20. September 1916.

Verlag und Schriftleitung des Saarlouiser Tageblatt.

Aus Nummer 216 vom 18. September 1916.

Die Explosion in Saarlouis.

w Saarbrücken, 17. Sept. (Amtlich.) Aus nicht zu ermittelnder Ursache ist am 14. Sept. vormittags in der zum Artilleriedepot Saarlouis gehörigen Ringbatterie eine Explosion von älterer Beutemunition erfolgt. Neben Sachschaden, der auch an den Nebengebäuden angerichtet wurde, sind zwei tote, vier schwerverletzte Zivilpersonen sowie 80 tote, 79 schwer- und 34 leichtverletzte Soldaten zu beklagen. Letztere gehörten zu einer in der Nähe der Unglücksstätte übenden Kompagnie.

Ein Schmerzens- und Trauertag,

ein Tag, wie ihn Saarlouis bis heute wohl noch nie gesehen, war der gestrige Sonntag, an dem ein Teil der bei dem schrecklichen Explosionsunglück zu Tode gekommenen Personen zur letzten Ruhe bestattet wurde.

Es lag die ganzen letzten Tage wie ein schwerer, dumpfer Druck auf uns: ein Schmerz, der uns die tiefste Seele durchdrang, machte uns das Herz erbeben vor der großen, schauerlichen Majestät des Todes. Wenn uns je erschütternd die Ungewißheit unserer Todesstunde vor Augen getreten ist, dann in den letztvergangenen Tagen, die uns unvergeßlich sein werden, unvergeßlich in ihrer Tragik, unvergeßlich in dem namenlosen Weh um so viele arme Opfer, um so viele Herzen, die der unbarmherzige, kalte Schwertstoß des Wegelagerers Tod aufs tiefste verwundet. Es war keiner, keiner unter uns, den diese fürchterliche Katastrophe nicht den Schmerz, nicht das Weh in seiner Bitterkeit hätte mitkosten lassen, den dieses erschütternde Drama nicht zu der innigsten, herzenstiefsten Teilnahme für die

5

armen, gebrochenen Angehörigen erweckt hätte. Der 14. u. 17. September 1916 werden in der Chronik unserer Stadt unvergänglich verewigt sein, der 14. September als Tag einer fürchterlichen Katastrophe, der 17. September als Tag des herzvereinigenden, brüderlichen Schmerzes.

Solche Menschenmassen, wie gestern, hat Saarlouis wohl kaum jemals gesehen. Schon mit der beginnenden zehnten Vormittagsstunde wogten durch die Hauptstraßen gewaltige Menschenscharen, die von Augenblick zu Augenblick noch ständig wuchsen. Um elf Uhr füllte die Straßen ein Menschengewimmel, schier unübersehbar: Nicht nur aus dem ganzen Kreise, weit darüber hinaus waren die Menschenmengen herbeigeströmt.

Um $11^{1}/_{4}$ Uhr setzte sich der gewaltige Trauerzug vom Garnisonlazarett aus in Bewegung. Es nahmen daran teil: das Offizierkorps, der Vertreter der Regierung, Herr Landrat von Schütz als Vertreter des Kreises, Herr Bürgermeister Dr. Kohlen und die Stadtverordnetenversammlung, die einzelnen Vereine von hier, die Kriegervereine des ganzen Kreises, die Sanitätskolonne (die sich, hier kurz bemerkt, bei dem schweren Unglück in so hervorragender, glänzender Weise bewährt hatte), zahlreiches Militär, die 30er und die Jägerkapelle, usw. usw. Den Massenzug beschloß eine ungeheure Schar von Mittrauernden aus der ganzen weiten Umgegend. Der Vorbeizug währte zirka eine halbe Stunde: Wahrlich ein erhebender und ein erschütternder Anblick zugleich.

Die Unmasse von Kranzspenden und Blumen entsprach dem allgemeinen, ausnahmslosen, tiefen Herzensweh, entsprach der entsetzlichen Tragik, die wir beklagten. Am Massengrabe sprachen in tiefergreifender, herzpackender Weise Herr Ehrendomherr, Dechant Subtil und Herr Pfarrer de Haas. (Auf die Bestattungsfeier selber kommen wir noch des näheren zurück.) Beigesetzt wurden gestern insgesamt 37 Särge. Die übrigen Toten werden heute, Montag in die Heimat übergeführt.

Es ist eigenartig, wie dieses unheimlich große Leid, das wir in den letzten Tagen gesehen haben, die Herzen an

6

Explosionsunglück mit belgischer Beutemunition; Samstag, den 14. September 1916, vormittags.

Aus Forbach kommt 1913 das Lothringische Trainbataillon Nr. 16 nach Saarlouis. Es bezieht die in den Jahren 1911/12 gebaute neue »Trainkaserne« am »Choisyring«.

1934/35 waren italienische Truppeneinheiten einquartiert worden.

Ab 1938 fanden Schulungsabende der Hitlerjugend im rechten Flügel der ehemaligen »Trainkaserne« statt.

17. 2. 1939 Übereignung des Mannschaftshauses an die NSDAP.

Das Gewerbliche Berufsbildungszentrum steht heute an der Stelle der ehemaligen »Trainkaserne« – 1991.

»Bezirksberufsschule und Handelsschule« – auf dem Gelände der ehemaligen »Trainkaserne« um 1960.

Die alten Saarlouiser wissen es noch

Abbruch der Holtzendorffkaserne weckt Erinnerungen an den November 1918

SAARLOUIS. Die Niederlegung des Eckgebäudes der in den Jahren 1895/97 erbauten Holtzendorffkaserne läßt bei vielen Saarlouisern die Erinnerung an den November 1918 aufsteigen. Damals nahmen die letzten deutschen Soldaten auf ihrem Rückmarsch aus Frankreich für kurze Zeit Quartier in der Kaserne. Otto Nicola, Dillingen, der seinerzeitige Führer dieser deutschen Einheit, die als letzte Saarlouis verließ, hat diese unvergeßlichen Tage in seiner Abhandlung »Die letzten deutschen Soldaten in Saarlouis« niedergelegt.

Am 20. November 1918 überschritten die letzten deutschen Soldaten die Landesgrenze bei Schrecklingen; dichtauf gefolgt von den Franzosen und Amerikanern. Der Einmarsch in die Stadt Saarlouis war für die Bürgerschaft und das Militär ein besonderes Ereignis. Da aber das linke Saarufer bereits am 21. November geräumt sein mußte (dieser Termin wurde nachträglich auf den 22. November verschoben), konnte das deutsche Militär nicht mehr in der Innenstadt untergebracht werden. Deshalb wurde die Division auf Roden, Fraulautern und Dillingen verteilt, die Nachhut bekam die Holtzendorffkaserne als Unterkunft zugewiesen.

Damit nun auch die Gegenseite die Waffenstillstandsbedingungen einhielt, wurden zwei Maschinengewehre im Wachhäuschen an der alten Saarbrücke aufgestellt. Auf beiden Brückenköpfen standen deutsche bzw. französische Posten. Am 22. November um 15 Uhr verließen die deutschen Truppen die Holtzendorffkaserne. Um 17 Uhr wurde von einem Restkommando die Kaserne den Franzosen übergeben. Der Rückmarsch erfolgte über Fraulautern – Saarwellingen – Lebach – St. Wendel durch die Pfalz zum Rhein, der am 3. Dezember 1918 von den letzten deutschen Soldaten bei Ludwigshafen überschritten wurde.

Die Holtzendorffkaserne – erbaut in den Jahren 1895/97.

Ob von »Holpendorf oder Holkendorff« – falsche Bezeichnung der Postkarten von 1915/16 – Es ist die Kaserne des 1. Rheinischen Feldartillerieregiments von Holtzendorff N° 8.

Hier ist noch der Wassergraben mit der Brücke zu sehen. Dort floß die »Alte Saar« vor dem Festungsbau, als die Schleusenbrücke noch nicht gebaut war.

Heute stehen an dieser Stelle die Firma Ford-Auto-Industrie und die Stadtwerke.

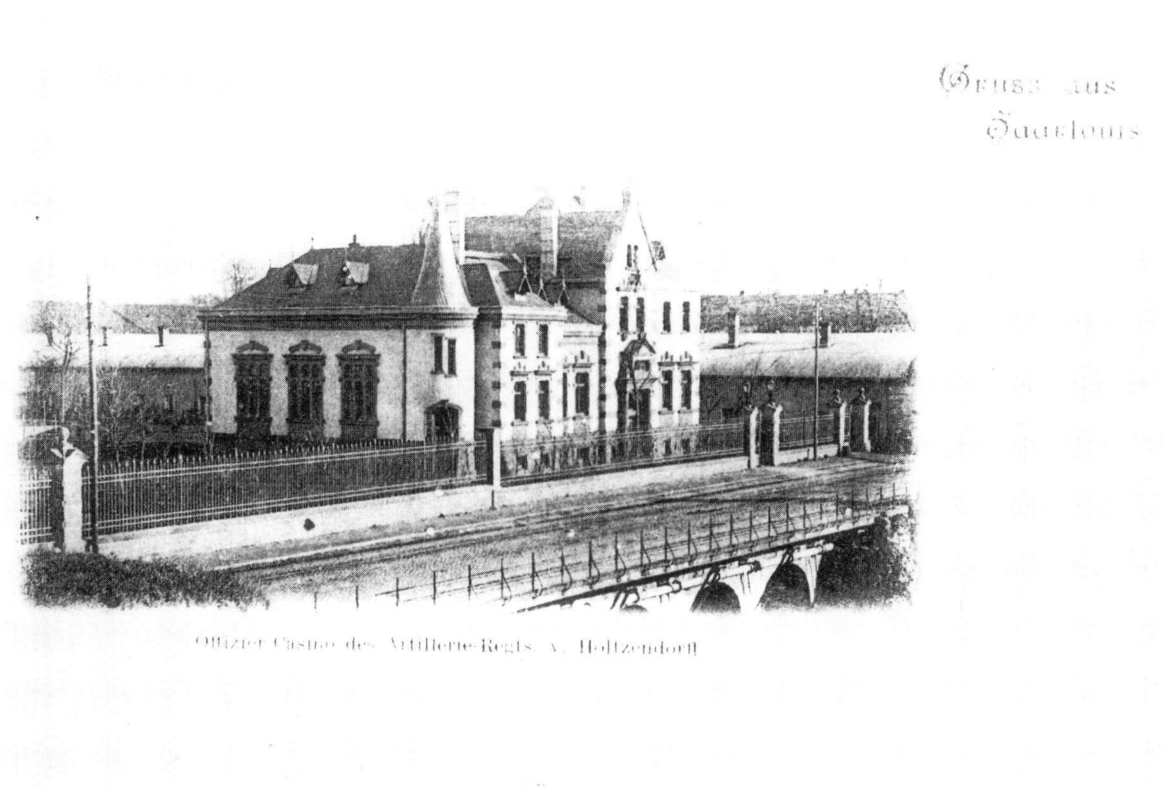

Offiziers-Casino des Artillerie Regts. von Holtzendorff – Beim Abbruch der Holtzendorff-Kaserne wurde auch das Casino abgerissen (heute befindet sich dort der Aldi Markt).

Zum Gedächtnis der Gefallenen des Ersten Weltkriegs 1914–1918, wurde 1935 von den ehemaligen Angehörigen des 1. Rheinischen Feldartillerieregiments von Holtzendorff Nr. 8, im Ludwigsglacis ein Ehrenmal errichtet. Die Löwenplastik wurde nach dem Zweiten Weltkrieg entfernt und 1958 neu geschaffen.

Ein Jahr vor dem Ersten Weltkrieg erhielt Saarlouis ein neues Kavallerie-Regiment. Das führte 1913 zur Bildung des »Jäger-Regiments zu Pferde Nr. 13«. Beim Einzug des Regiments war die Jägerkaserne in der Wallerfanger Straße noch nicht fertiggestellt, es mußte in den Baracken Quartier beziehen.

Die Vaubanstraße, Blick auf die gleiche Stelle um 1890.

Diese Aufnahme um 1960 zeigt die »Kaserne«, als sie von französischen Truppen belegt war und »Quartier Ney« hieß.

Hier war das Haupttor noch an der Einmündung der Vaubanstraße. Heute ist es weiter in die Wallerfanger Straße nach rechts verlegt.

»Wallerfanger Straße«, ehemalige französische Offizierswohnungen 1960.

Die Gedenktafel zur Erinnerung an die Gefallenen des Jägerregiments zu Pferde N° 13 befindet sich an der Festungsmauer im Stadtgarten.

Neues 30er Ehrenmal im Stadtgarten. Einweihung 4. August 1929. Zum Gedenken des 30er Infanterieregiments »Graf-Werder«, das seit 1876 in Saarlouis in Garnison lag.

Von der Kaibel-Kaserne zum Städtischen Krankenhaus

Die Kaibel-Kaserne, erbaut in den Jahren 1911/12 erhält nach dem Ersten Weltkrieg ab 1918 in französischer Zeit den Namen »Quartier Grenier«.

Das Städtische Krankenhaus, heute Rotes-Kreuz-Krankenhaus, in der ehemaligen Kaibel-Kaserne, und seine Geschichte.

1928 wurde das neue Städtische Krankenhaus in der modern umgebauten ehemaligen Kaibel-Kaserne an der Vaubanstraße bezogen.

Im Jahre 1783 errichtete die Stadt in der Bierstraße Nr. 7 ein Hospital für Kranken- und Armenpflege.

Der Orden der Schwestern des hl. Karl Borromäus, dessen Mutterhaus in Nancy steht, übernimmt 1810 das Hospital und die Leitung des Hauses. Im Laufe der Zeit wurden die Räumlichkeiten zu eng.

Die Platzfrage zur Errichtung eines neuen Hospitals wurde geklärt, durch den Ankauf des Geländes des ehemaligen Augustinerklosters an der Ecke Augustiner- und Bockstraße (Stiftstraße).

Nachdem 1840 die alten Klostergebäude abgerissen worden waren, wurde dort von der Stadt ein Hospital gebaut.

Durch Vermächtnisse und Geldspenden wurden von König Friedrich-Wilhelm III. auch die Steine der zum Abbruch bestimmten alten Kaserne IV, am Kleinen Markt zur Verfügung gestellt. Über dem Eingang steht »Hospitien Haus, erbaut 1840«.

Der Neubau konnte am 5. September 1841 seiner Bestimmung übergeben werden. Das Hospital aus der Bierstraße zog in die neuen Räume um. 1859 wurde von den Schwestern eine Höhere Töchterschule ins Leben gerufen.

1865 kam der Neubau eines Männerkrankenhauses hinzu. Die Borromäerinnen erweiterten nach 1895, als die Bastion »Damen v. Fraulautern, später Bastion Wilhelm«, geschleift wurde, ihren Garten und bauten darin eine »Lourdes Grotte«.

1901 weihte Prälat Subtil die neue Kapelle ein (heutige Kapelle des Canisianums).

Die Höhere Töchterschule und die Volksschule die sich bis 1903 in dem Gebäude befanden zogen in ihre neuen Räume um, so konnten die alten Schulsäle dem Hospital zurückgegeben werden.

Das alte College befand sich seit der Französischen Revolution in städtischem Besitz. Dort war bis zum Neubau des Gymnasiums die Höhere Bürgerschule untergebracht.

Die Stadt überließ dieses College den Schwestern. Es wurde von diesen auf eigene Kosten umgebaut.

Dieses »Neue Marienhaus« wurde 1908 seiner Bestimmung übergeben. Im Erdgeschoß waren zwei Kinderbewahrschulen untergebracht. Eine neue Küche wurde im ersten Stock eingerichtet. Hier wurden junge Mädchen in Koch- und Haushaltskursen unterrichtet. Dort waren auch die Näh- und Industrieschule.

Wohn- und Schlafräume wurden für stellungssuchende Mädchen und auswärtige Schülerinnen im 3. Stock geschaffen.

1911 wurde der letzte Flügel im alten College frei und dem Hospital zur Verfügung gestellt.

Hier entstanden Wohn- und Schlafräume für Waisenkinder.

Die Borromäerinnen konnten am 30. Juli 1910 auf ihr 100jähriges Wirken in der Stadt zurückblicken. Die Saarlouiser Niederlassung ist die älteste ihres Ordens in Deutschland.

1914 zu Beginn des Ersten Weltkrieges wurde die Koch- und Industrieschule geschlossen. Schon in wenigen Tagen wurde das Städtische Hospital zum Reservelazarett.

1915 brach eine Scharlach- und Diphterieepidemie aus. Die Pflege der Kranken übernahmen die Schwestern auf Veranlassung der Militärregierung.

Im Laufe der Jahre hat man durch Um- und Anbauten zwar mehr Raum geschaffen, aber die Grenzen des Möglichen waren erreicht. Der Plan, das alte Haus umzubauen, wurde wegen der zu hohen Kosten aufgegeben. Ebenso scheiterte wegen zu hoher Kosten der Bau eines neuen Krankenhauses südlich der Metzerstraße.

Schließlich wurde die Kaibel-Kaserne an der Vaubanstraße durch einen Beschluß in der Stadtverordnetenversammlung zu einem neuzeitlichen Krankenhaus umgebaut. 1926 wurde mit dem Umbau begonnen.

Am 25. März 1928 wurde das Neue Städtische Krankenhaus seiner Bestimmung übergeben.

Die leerstehenden Gebäude an der Augustiner- und Stiftstraße kaufte der Orden der Jesuiten von der Stadt, das heutige Canisianum.

Bis 1939 hatten die Borromäerinnen die Krankenpflege und die Verwaltung des Hauses.

Ab 1947 übernahmen die Ordensschwestern »Unserer lieben Frau von Afrika«, die Pflege der Kranken und die Verwaltung.

1952 wurde das Städtische Krankenhaus Eigentum der Stadt. Bis 1959 wurden Erweiterungs- und Umbauten vorgenommen. 1961 mußten die

Schwestern sich wieder der Mission in Afrika widmen.

Im September 1961 übernehmen die Schwestern vom »Orden der Göttlichen Vorsehung« die Krankenpflege und die Aufsicht über das Haus- und Wirtschaftspersonal. Die Verwaltung des Krankenhauses führt die Stadt.

Am 1. Juli 1984 wird das Städtische Krankenhaus vom Roten Kreuz übernommen und heißt fortan Rotes-Kreuz-Krankenhaus.

Rotes-Kreuz-Krankenhaus.

Städtisches Krankenhaus – vormals Kaibel-Kaserne – um 1935.

Heute Rotes-Kreuz-Krankenhaus –1991.

Kaibel-Kaserne – rückwärtiger Teil – 1991.

Wirtschaftsgebäude des Städtischen Krankenhauses in der Vaubanstraße (Rotes-Kreuz-Krankenhaus) 1991.

Das alte Augustinerkloster
heute Canisianum

1680 gründeten Augustinermönche aus Wallerfangen in der heutigen Augustinerstraße ihr Kloster mit Kirche.

1695 bezogen die Augustiner das neue Klostergebäude. Die deutschsprachigen Patres erteilten Unterricht und bauten 1710 den Flügel an der Augustinerstraße zum Collège aus, das von durchschnittlich 100 Schülern besucht wurde.

Am 2. Dezember 1789 wurden in Paris durch ein Dekret die Klöster aufgehoben, und die Patres und Mönche wurden gezwungen die Stadt zu verlassen. Ab 1791 tagte der revolutionäre Club von Saarlouis in den verlassenen Räumen des Klosters.

Das Refektorium des Klosters wurde zum Sitzungssaal, die übrigen Klosterräume wurden für politische Gefangene zum Untersuchungsgefängnis.

Aus dem Distriktkollegium erwächst 1802 das Kaiserliche Kollegium, eine Sekundärschule der Akademie von Metz.

1840 wurde das alte Klostergebäude abgerissen. Von der Stadt wurde das Hospital gebaut.

Ab 1911 wurde der Flügel des alten College frei; für Waisenkinder wurden Wohn- und Schlafräume geschaffen.

Nachdem das Städtische Krankenhaus 1928 in die umgebaute Kaibelkaserne umsiedelte, kaufte der Orden der Jesuiten der Stadt die Gebäude ab. Die Patres richteten im Marienhaus ein Konvikt ein, in dem 30 auswärtige Schüler der Höheren Schule Unterkunft fanden.

Das Haus an der Stiftstraße bewohnten die Jesuiten selbst. Das Haus an der Augustinerstraße vermieteten sie an Familien.

Bereits zwei Jahre später wurde das Konvikt aufgelöst und die Räume als Wohnungen vermietet.

Seither haben die Patres der Seelsorge durch Beichthören, Exerzitien, Vorträge und Seelsorgeaushilfe gedient. Ihre Tätigkeit findet in der Stadt und in der weiteren Umgebung dankbare Anerkennung.

1952 hat die Stadt das Gebäude zurückgekauft. An der Stelle des Marienhauses steht heute das Altenheim.

Das Canisianum hat seinen Namen nach dem deutschen Jesuiten Peter Canisius, der 1521 in Nimwegen geboren wurde, und mit 76 Jahren in Freiburg (Schweiz) starb.

Waisenkinder im Garten des Städtischen Hospitals (heute Canisianum) um 1918.

Altes Augustinerkloster nach einer Zeichnung von 1720 (späteres Collège, heutiges Canisianum).

»Canisianum« – 1991

Von der »Deutschen Straße« zum »Großen Markt«

Der Paradeplatz in Saarlouis.

In der Mitte der Stadt ist der »Paradeplatz«, (place d'armes) einer der schönsten des Königreichs wegen seiner Regularität und Größe. Er mißt 100 x 100 m.
Das Foto zeigt die älteste druckgraphische Ansicht des Großen Marktes in Saarlouis vom Turm der Kirche aus gezeichnet, mit reicher figürlicher Staffage, und mit größter Genauigkeit wiedergegebenen Architekturdetails und sehr sorgfältiger Wiedergabe der die Stadt umgebenden Landschaft im Hintergrund.

Paradeplatz um 1880

Großer Markt mit Blick zur Deutschen Straße und Tordurchlaß am Proviantamt – 1898.

Blick zur Deutschen Straße mit der Dampfstraßenbahn nach der Beseitigung des Tores um 1900.

Kartengruß aus dem Ersten Weltkrieg 1914/18.

Um 1920.

Parade des 30er Regiments zum 90. Geburtstag des Kaisers am 22. März 1886.

Der Große Markt im Wandel der Zeiten.

Saarlouis.
Grofser Markt

Saarlautern 1. Adolf-Hitler-Platz mit kath. Kirche

Saarlautern 1. Adolf-Hitler-Platz

SAARLOUIS
Großer Markt

LANDESBANK
GESCHW.LEVY

Luftaufnahme um 1960.

1990.

Adlerstraße vor dem 2. Weltkrieg.

»Adlerstraße« 1960.

»Adlerstraße« von der »Kasematte« aus, im Vordergrund die »Pavillonstraße« – 1991.

Ecke Grünebaum- und Adlerstraße, mit Blick zur Kaserne X um 1915.

Die gleiche Stelle heute, links steht das Rathaus – 1991.

Die Hochwasserkatastrophe im Jahre 1947 überflutete den gesamten Stadtkern.

1945 nach dem Zweiten Weltkrieg – Ecke Großer Markt (jetzt Rathaus) – Adler- und Grünebaumstraße.

An den vier Marktecken wurden bei der Gründung der Stadt vier Barockbrunnen errichtet. Diese wurden 1843 durch Steinobelisken ersetzt.

Eckbrunnen, von der Ecke Grünebaum- und Adlerstraße gesehen mit Blick zur Französischen- und Silberherzstraße um 1930.

Aus der gleichen Sicht 1991.

Blickrichtung Postamt um 1930.

Von der Ecke Bibel- und Zeughausstraße gesehen 1991.

Ecke Bibelstraße–Großer Markt. Blick zur Französischen Straße zum Kleinen Markt – vor dem Zweiten Weltkrieg.

Am Großen Markt wurden in den letzten Kriegsmonaten durch Granatfeuer schwere Schäden angerichtet. Die Französische Straße wurde durch Brandstiftung völlig zerstört.

Die Französische Straße nach der Zerstörung 1945. Blick zur Bring- und Sonnenstraße und Kaserne V zum Kleinen Markt. Rechts, die unversehrten Häuser der Weißkreuzstraße.

Blick vom Kirchturm zur Französischen- und Silberherzstraße vor dem Zweiten Weltkrieg um 1938.

Die Weißkreuzstraße-Ecke Silberherzstraße 1991.

Ecke Zeughaus-Bibelstraße zur Silberherzstraße.

Bibelstraße mit Blick zur Kaserne IV – vor dem Zweiten Weltkrieg.

Heute 1991.

Noch bevor 1889 in Saarlouis die Entfestigung einsetzte, waren am »Großen Markt« schon zahlreiche Gebäude umgebaut und aufgestockt worden.

Gruß aus Saarlouis – Französische Straße um 1899.

L. Weil Nachf. M. Schloss
Saarlouis
Ecke Markt und französische Strasse.

Damen-Confection	Schuhwaren
Herren-Confection	Baumwollwaren
Kleiderstoffe	Bettdecken
Weisswaren	Steppdecken
Wäsche	Gardinen, Teppiche,
Barchend, Federn	Hüte, Schirme.

Sämtliche Neuheiten der Saison!

Concurrenzlos billige Preise! ▪ Streng reelle Bedienung!

Grösstes Lager in Saarlouis und Umgegend.

Französische Straße.

Deutsche Straße um 1915.

Großer Markt – nach der Zerstörung 1945. Blick in die Französische Straße zum Kleinen Markt.

Blick zur Deutschen Straße.

Blick von der Bringstraße zur Französischen Straße 1947. Im Hintergrund die Türme des Canisianums und des Amtsgerichtes.

Von der Post in die Deutsche Straße – »Großer Markt« 1947.

»Deutsche Straße« vor dem Ersten Weltkrieg nach der Beseitigung des Tores.

En-detail | Versand. | En-gros.

KAUFHAUS J. MOSES
SAARLOUIS
Ecke der deutschen Strasse u. grosser Markt.
Telefonruf: Nr. 55.

1871 — 40jähriges Geschäfts-Jubiläum — 1911

Erstklassiges
Etablissement
für
Herren- und Damen-Bekleidung
Manufaktur- und Mode-Waren
Ausstattungs-Artikel
Schuhe und Stiefel.

Alleinverkauf
der Schuh-Marke
SALAMANDER
Einheitspreis für Damen u. Herren Mk. 12.50 | **Luxus-Ausführung** Mk. 16.50

Wwe. Koch & Sohn,
Eisenhandlung
Am Markt 31
Saarlouis

Reklame der beiden Geschäfte Ecke Deutsche Straße, Großer Markt um 1915.

Deutsche Straße zum Tordurchlaß um 1900.

Ecke Deutsche Straße-Großer Markt.

Um 1915.

Feier zu »Kaisers Geburtstag« auf dem Großen Markt – Ecke Deutsche Straße um 1900.

Großer Markt – Deutsche Straße um 1928.

Wiederaufbau nach 1945.

Blick zur Engel- und Schlächterstraße um 1930.

Die gleiche Stelle 1945.

Um 1940.

1991.

Die Unterlagen zu diesem Bildband stammen zum großen Teil aus meinem privaten Archiv, das ich in vielen Jahren zusammengestellt habe.

Viele Freunde und Bekannte haben mich dazu angeregt, dieses Material zu einem Buch zusammenzustellen und der Allgemeinheit zugänglich zu machen. Diesem Wunsch bin ich gerne nachgekommen.

Das Auswählen und Betrachten der Bilder ließ viele Erinnerungen wach werden. Dabei wurde mir erneut bewußt, wie sehr ich dieser Stadt, in der ich geboren wurde, verbunden bin.

Sowohl das alte vergangene Saarlouis, als auch die Gegenwart wird in diesem Buch dargestellt.

Möge dieser Bildband ein Familienbuch werden, in dem Jung und Alt gerne blättern, zeigt es doch ihre jetzige Heimatstadt wie sie vor dem Zweiten Weltkrieg aussah.

Großer Markt – Deutsche Straße um 1898

Kartengruß aus dem Ersten Weltkrieg 1914/18

Ein Bildband der Geschichte der Stadt Saarlouis mit ca. 300 Seiten, ca. 400 Abb. schwarz-weiß und ca. 10 Abb. in Farbe.
Mattfolienkaschierter Pappband, Din A4, DM 58,–.
Erscheinungstermin: Dezember 1992.

Saalbau mit dem Denkmal des 30iger Infanterieregimentes – im Hintergrund das Gymnasium um 1910.

Saarlouis – Kleiner Markt – Blick zur Französischen Straße vor dem Zweiten Weltkrieg

Rosemarie Haine-Maas

Saarlouis Einst und Heute

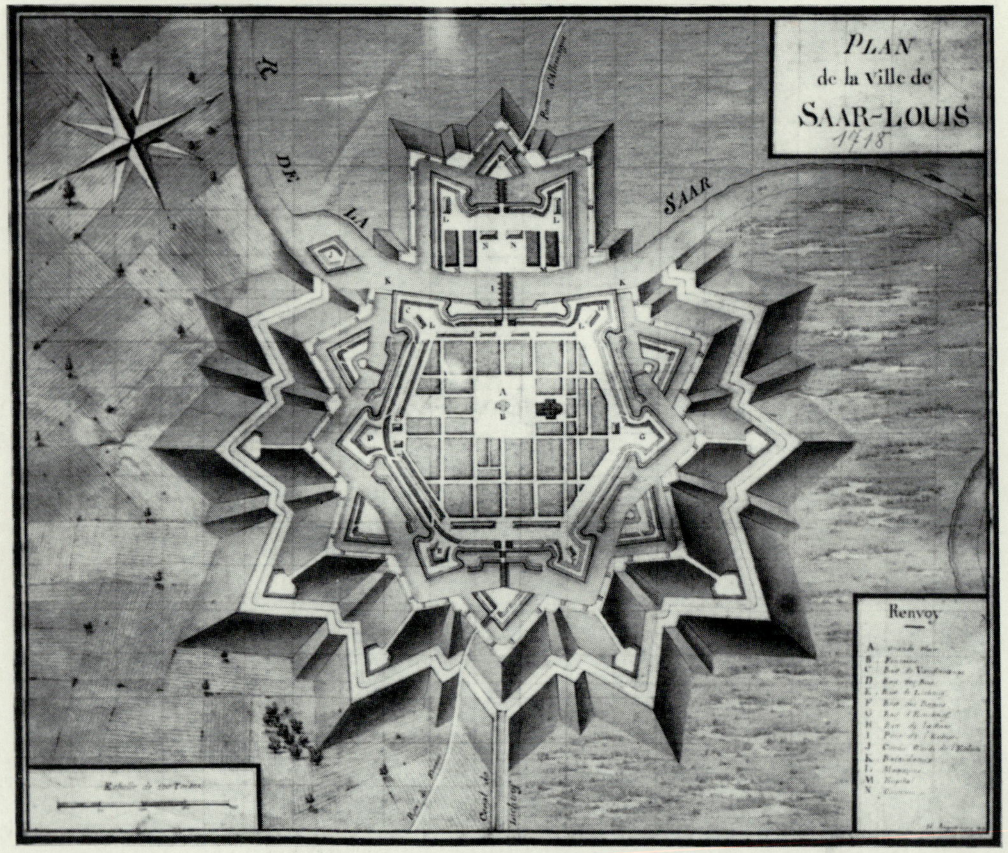

Ein Streifzug durch Saarlouis und seine Geschichte

Bis 1927 war hier auf der linken Marktseite das »Kaiserliche Postamt«. Danach bezog die Stadtsparkasse das Gebäude.

1977 – Zu einer Flächensanierung entschließt sich die Stadtsparkasse, die auf dem Areal zwischen Großer Markt, Petrus-, Augustiner- und Zeughausstraße, die Errichtung eines Büro-, Geschäfts- und Wohnhauskomplex plant. Mitte November beginnen die Abbrucharbeiten.
Heute Kreissparkasse – 1991.

Vor 1927 mit dem damaligen Postgebäude – später Stadtsparkasse.

1930 zur 250 Jahrfeier der Stadt ist auf dem »Großen Markt« die Postkutsche vorgefahren. Dort wo sich einst die Grenzstation der Postkutsche »Paris-Bingen« befand. Die Pferdepost zwischen »Saarlouis« und »Busendorf« verkehrte 1790.

»Gefallenen-Denkmal« vor der Kommandantur – um 1930. Dieses war der erste Standplatz. Einweihung am 30. September 1928.

Um 1935.

1685 wurde das Gouvernementsgebäude gebaut. – Der erste Gouverneur war Graf Thomas de Choisy – Marquis von Moigneville und Generalleutnant der königlichen Armee. Er starb in Saarlouis mit 78 Jahren. Sein Herz wurde auf eigenen Wunsch in der Pfarrkirche St. Ludwig beigesetzt. Thomas de Choisy legte 1685 den Grundstein zum Bau der Barockkirche.

Ehemalige »Kommandantur« 1928 mit Gefallenen Ehrenmal (heute am Landratsamt).

Die Kommandantur mit Preußenfahne.

1991.

Ecke Schlächter- und Engelstraße mit Blick zur Kommandantur (heute Postamt).

Die gleiche Stelle heute 1991.

1936.

1991.

Um 1940.

1991.

Das alte Rathaus mit der Hauptwache

Das alte Rathaus in den Jahren 1683/85 erbaut, wurde im Zweiten Weltkrieg zerstört. Links vom Eingang befand sich bis 1918 die Hauptwache. Täglich fand hier in preußischer Zeit die Wachablösung statt. Um 22 Uhr blies der Hornist den Zapfenstreich, der von den Hornisten in den Kasernen abgenommen wurde.

Die »Hauptwache« war für die innere Ordnung der Garnison verantwortlich. Die Wachstube befand sich im Erdgeschoß des Rathauses. Die Soldaten traten täglich bis 1918 zur Wachablösung an.

Eine städtische Polizeiverordnung aus dem Jahre 1828

Eine städtische Polizeiverordnung aus dem Jahre 1828 beweist uns, wie sorgsam die Verwaltung über die Reinhaltung der Stadt wachte.

- *Das Schweinefegen in den Straßen der Stadt bleibt untersagt.
Die Straßen sind mittwochs und samstags zu kehren.
Krepiertes Vieh darf nicht auf die Straße geworfen werden.*
- *Bei trockenen und heißen Sommertagen ist der Eigentümer oder Mieter dazu angehalten, das Pflaster vor seinem Haus um 8 Uhr des Morgens und gegen 6 Uhr des Abends mit Wasser tüchtig zu begießen.*
- *Das Herabwerfen der Gläser, aus welchen die Gesundheiten beim Richten neuer Häuser auf dem Dache getrunken werden, ist verboten.*
- *An sogenannten Polterabenden Töpfe, Scherben und Boutellen gegen Häuser und Wohnungen verlobter Personen zu werfen, ist verboten.*
- *Die Brunnenmacher müssen die gefährlichen Stellen der neuanzulegenden Brunnen einzäunen und mit Laternen versehen.*
- *Dung, Gassenkot oder sonstige Gegenstände, wodurch die Freiheit der Passage gestört wird, dürfen nicht auf der Straße liegen bleiben.*
- *Zur Zeit des täglichen Aufzuges der Wachparade, muß das dazu bestimmte Viereck auf dem Waffenplatz (Großer Markt), von dem Spiele der Jugend, sowie von der gewöhnlichen Passage freibleiben.*
- *Die Brückengeländer und die Geländer an öffentlichen Plätzen oder andere öffentliche Anlagen dürfen nicht zum Trocknen der Wäsche, der Häute etc. benützt werden.*

L.K.B.

Bürgermeister Reneauld

Michel Reneauld, am 5. Juni 1760 in Saarlouis geboren, wird von 1800–1802, und von 1812–1815 Bürgermeister der Stadt »Sarre-Libre« (Vom 22. Juli 1793 bis 1814, während der französischen Revolution, heißt die Stadt »Sarre-Libre«) 1808 ist Reneauld zugleich Präsident des Kantons Saare-Libre.

Michel Reneauld hat in Saarlouis das Augustinerkolleg besucht, tritt 1781 mit 21 Jahren in das Regiment Nassau ein.

Zuvor war er in den Büros der Dillinger Hütte beschäftigt. Auch Michel Ney, der spätere Marschall Napoleons, war Angestellter der Dillinger Hütte.

1794 wird Michel Reneauld mit 34 Jahren Divisionsgeneral der Revolutionsarmee.

1815 ernannten ihn die Preußen zum Oberbürgermeister der Stadt Saarlouis, und er blieb bis zu seinem Tode im Amt.

Er starb am 2. September 1826, sein Grab befindet sich heute noch auf dem alten Friedhof.

Gobelinsaal im Rathaus

Die Gobelins und die barocken Stühle im Gobelinsaal, sind ein Geschenk des »Sonnenkönigs« an die Bürger der Festungsstadt, zur Ausstattung ihres Rathauses.

Das Wappen und der Name der Stadt im Wechsel der Zeiten

Das Wappen und der Name der Stadt im Wechsel der Zeiten

1683 verlieh König Ludwig XIV. der Stadt ein Wappen
mit der aufgehenden Sonne, die durch die Wolken strahlt,
darüber drei bourbonische Lilien mit dem Spruch:

»DISSIPAT ATQUE FOVET«
Die Sonne zerstreut (die Wolken)
und erwärmt (die Erde)
darüber eine Mauerkrone.

Zur Gründungszeit 1680 erhielt die Festungsstadt den Namen »Saarlouis«

Am 22. Juli 1793 im zweiten Jahr der Französischen Republik, wird der Name der Stadt Saarlouis in »Sarre-Libre« geändert.

In Preußischer Zeit, wird ab 1814 aus Sarre-Libre wieder »Saarlouis«.

Carl Roderich Maria Richter schreibt in Schicksalstage der Stadt Saarlouis 1680–1697:

> *»Eine Begleiterscheinung staatlicher Umwälzungen ist es, daß Namen von Ländern, Städten und Straßen umgeändert werden, um alte Bindungen auszumerzen und Namen auszulöschen, die inzwischen anrüchig geworden waren. Eine solche Namensänderung widerfuhr der Stadt Saarlouis, von Straßenumbenennungen abgesehen, im Laufe ihrer Geschichte zweimal: Nach der Französischen Revolution von 1789 zum Zwecke der Entroyalisierung: Sarre-Libre, und nach der Rückgliederung 1935 zum Zwecke der Entlouisierung: Saarlautern.«*

Am 13. Januar 1936 gab in einer Großkundgebung auf dem Großen Markt der damalige Reichs- und Preußische Innenminister Dr. Frick bekannt, daß die Stadt Saarlouis mit sofortiger Wirkung den Namen Saarlautern führt.

Anstelle des französischen Wappens stellt das neue Wappen, entsprechend den sechs Stadtteilen, eine sechszinnige Mauer mit Adler und Hakenkreuz mit Rot und Weiß dar.

1945 hat die Stadt, zur Wiederherstellung des geschichtlich begründeten Namens, anstelle von Saarlautern, wieder ihren ursprünglichen Namen Saarlouis angenommen.

Von da an wird auch das vom »Sonnenkönig« verliehene Wappen wieder geführt.

DÉCRET

N.° 1241.

DE LA

CONVENTION NATIONALE,

Du 22 Juillet 1793, l'an ſecond de la république Françoiſe,

Qui change le nom de la ville de Sarre-Louis *en celui de* Sarre-Libre.

LA CONVENTION NATIONALE, ſur la propoſition d'un membre, décrète que la ville appellée *Sarre-Louis,* ſe nommera déſormais *Sarre-Libre.*

Viſé par l'inſpecteur. Signé *J. C. BATTELLIER.*

Collationné à l'original, par nous préſident & ſecrétaires de la Convention nationale. A Paris, les jour & an que deſſus. *Signé* JEAN BON SAINT-ANDRÉ, *préſident;* BILLAUD-VARENNES & R. T. LINDET, *ſecrétaires.*

AU NOM DE LA RÉPUBLIQUE, le Conſeil exécutif proviſoire mande & ordonne à tous les Corps adminiſtratifs & Tribunaux, que la préſente loi ils faſſent conſigner dans leurs regiſtres, lire, publier

2

& afficher, & exécuter dans leurs départemens & reſſorts reſpectifs; en foi de quoi nous y avons appoſé notre ſignature & le ſceau de la république. A Paris, le vingt-deuxième jour du mois de juillet mil ſept cent quatre-vingt-treize, l'an ſecond de la république Françoiſe. *Signé* GARAT. *Contreſigné* GOHIER. Et ſcellée du ſceau de la république.

Certifié conforme à l'original.

A PARIS,

DE L'IMPRIMERIE NATIONALE EXÉCUTIVE DU LOUVRE.

M. DCC. XCIII.

In das Jahr 1683 gehört auch die zur Gründung der Stadt geprägte Denkmünze, die auf der einen Seite das Bildnis Ludwigs XIV. trägt. Die Umschrift lautet:

»LUDOVICUS MAGNUS REX CHRISTIANISSIMUS«

Auf der anderen Seite reicht eine mit der Mauerkrone geschmückte weibliche Figur dem Flußgotte den Plan der Festungswerke dar. Die Umschrift lautet:

»SARLOISIUM CONDITUM MDLXXXIII.«

Originalgröße der Gründungsmünze

Im zweiten Pariser Frieden mußte am 20. November 1815 Ludwig XVIII. Saarlouis an Preußen abtreten.

Am 1. Dezember 1815 verließ die französische Garnison die Stadt und die preußischen Truppen hielten Einzug.

Das Lilienbanner der Bourbonen wurde vom Kirchturm entfernt, und das preußische Wappen wurde aufgestellt. Saarlouis war preußisch geworden.

Aus Anlaß der Übergabe der Stadt Saarlouis an Preußen wurde eine Denkmünze geprägt.

Die Inschrift auf der einen Seite lautet:

»Frid. Guiliehm. III. Borussorum Rex, nobis quoque pater.«

Auf der anderen Seite:

»Saarlouisium additum Borussiae Germaniae propugnaculum Pax Paris XX. November MDCCCXV«.

Auf dem Wappenschild steht:

»Hinc hostes depello« (Von hier vertreibe ich die Feinde).

Gedenkmünze

Vorderseite

Rückseite

OPTIK
KADE

APOTHEKE
Saar Bank
PORST
HORN

RATSKELLER
30

Das neue Rathaus

Das neue Rathaus wurde am 14. 2. 1953 eingeweiht.
Der Gebäudekomplex umfaßt die Marktseite von der Adler- und Deutschen Straße.

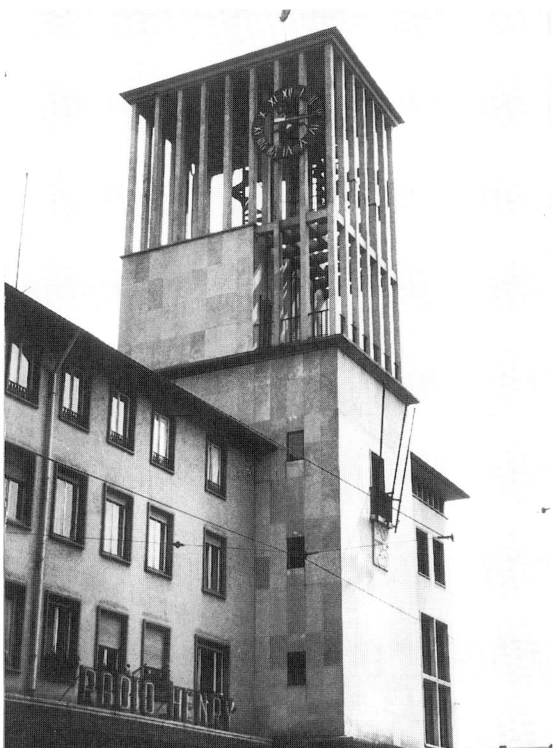

Turm des neuen Rathauses von der »Deutschen Straße« aus – 1960.

Die Pfarrkirche
St. Ludwig

Die Pfarrkirche St. Ludwig

Thomas de Choisy, der erste Gouverneur der neuen Festungsstadt, legte am 2. Juni 1685 mit Erlaubnis des Erzbischofs von Trier, im Namen des Königs, den Grundstein zur Pfarrkirche St. Ludwig.

Am 6. April 1687 wurde die neue Kirche konsekriert.

Zu beiden Seiten des Eingangsportals waren Mauernischen ausgespart, in denen zwei hohe Steinfiguren der Apostelfürsten Petrus und Paulus standen. Bis heute tragen die beiden Seitengässchen ihren Namen. (Heute stehen diese beiden Barockfiguren in der neuen Kirche rechts und links neben dem Haupteingang.).

In den Jahren 1760/66 erfolgte eine sorgfältige Reparatur des Kircheninneren.

Die Bänke im Chor hatten anfangs der Länge nach gestanden. 1766 wurden hier Querbänke gesetzt.

Der Glockenturm mußte 1770 repariert werden.

Im Jahre 1784 verursachte eine Überschwemmung bedeutende Schäden an der Pfarrkirche.

Während der Französischen Revolution war Jean Capristan Kremer von 1788–1792 Pfarrer in St. Ludwig. Am 1. 12. 1792 wurde Johann Guitienne zum vorläufigen Pfarrverwalter von Saarlouis ernannt. Er wirkte bis zur Unterdrückung im Jahre 1794.

Im Jahre 1793 mußte die Pfarrkirche drei Glocken abgeben.

Die Pfarrkirche wurde in einen Tempel der Vernunft, nebst Versammlungslokal für die Klubs umgewandelt. Das Kreuz des Turmes wurde unter tosendem Beifall der Massen heruntergeholt, die kirchlichen Gegenstände auf den Marktplatz gebracht und verbrannt. Die beiden Barockfiguren Petrus und Paulus werden aus ihren Mauernischen gestürzt. Nur die großen Chorbilder, »Die Apotheose (Verherrlichung) des hl. Ludwig« und die «Heilige Familie«, wurden von einem Kirchen-

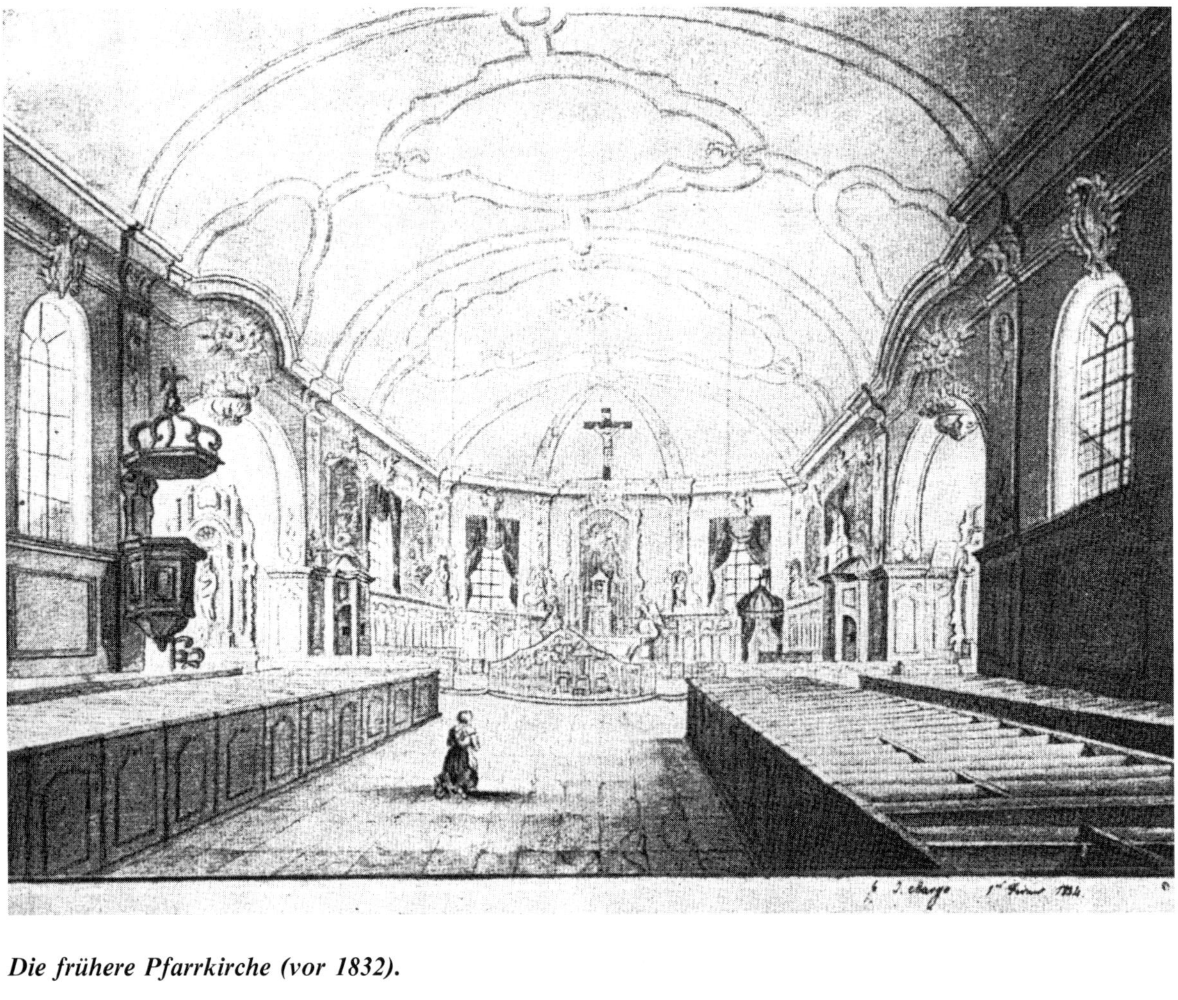

Die frühere Pfarrkirche (vor 1832).

schöffen mit Kalk übertüncht und konnten so vor der Zerstörung gerettet werden. Beide Ölgemälde sind Geschenke des König Ludwig XIV. an die Pfarrei, von dem Künstler Dupuis aus Metz in den Jahren 1684–94 gemalt. Sie sind bis heute erhalten, und befinden sich in der neuen Kirche an der Rückwand der Orgelempore und an der linken Wand.

Erst mit der Errichtung der Konsularregierung unter Napoleon wurden am 11. 1. 1800 die Kirchen wieder geöffnet. Im Jahre 1817 kam die Pfarrei Saarlouis wieder zu ihrer angestammten Diözese Trier zurück.

Die Pfarrei wurde in den Jahren 1801/02 bis 3. Juli, durch den aus Mainz gebürtigen Geistlichen Hembacher verwaltet, der weder von der kirchlichen noch von der zivilen Behörde dazu ermächtigt war.

Am 4. Juli 1802 kam François Philipp Clemencé als vorläufiger Pfarrverwalter nach Saarlouis.

Pfarrer Peter Franz Jacoby –1803– 1823

Am 27. März 1803 übernahm Peter Franz Jacoby, als erster rechtsmäßig ernannter Pfarrer die Leitung der Pfarrei St. Ludwig, die damit nach einer Unterbrechung von neun Jahren, wieder einen offiziellen Seelsorger erhielt. Er wirkte 20 Jahre an St. Ludwig und starb am 16. Oktober 1823.

Als sein Nachfolger wurde

Dechant Johann Baptist Perl – 1824–1834

am 1. Februar 1824 in Saarlouis eingeführt. Er starb nach 10jähriger Amtszeit am 17. Mai 1834.

Sein Nachfolger wurde

Dechant Franz Hecking – 1834–1881

Seine Ernennung zum Pfarrer von St. Ludwig erfolgte am 26. Juli 1834. Er wirkte 47 Jahre lang an St. Ludwig. Am 28. Mai 1881 starb Dechant und Ehrendomherr Franz Hecking. – Die Pfarrverwaltung wurde Kaplan Hubert Stein übertragen, der schon seit 1870 an St. Ludwig wirkte.

Der erste Gouverneuer »Graf Thomas de Choisy« legte am 2. 6. 1685 den Grundstein zur katholischen Garnisonskirche St. Ludwig.

Das Innere der alten Barockkirche vor dem Abbruch 1864.

Katholische Barockkirche vor dem Brand – 1880.

Nach der Brandkatastrophe 1880 – anstelle des zerstörten Barockturms wurde 1884 eine neugotische Turmfassade errichtet.

Die Kirchen hatten in den Revolutionsjahren mehr oder weniger gelitten.

1864 drohten die Außenmauern der Pfarrkirche durch das schwere Eichengebälk der Decke auseinander zu brechen. Mit dem Abbruch der alten Barockkirche wurde am 26. 5. 1864 begonnen. Die Fassade und der alte Barockturm blieben stehen. Unter Dechant Franz Hecking wurde auf den Fundamenten der alten Kirche eine neugotische Kirche errichtet. Die Gottesdienste wurden in dieser Zeit in den zu einem Kriegslazarett eingerichteten Kellern der Kaserne IV und dann für kurze Zeit in der Hospitalkapelle abgehalten.

Ende Mai 1866 war der Wiederaufbau der neuen dreischiffigen Kirche im gotischen Stil vollendet.

Durch zwei Jahrhunderte war der Barockturm von St. Ludwig das einzige Bauwerk, das über die Festungswälle der Stadt herausragte.

Katholische Barockkirche vor 1880.

Der große Kirchenbrand 1880

Im Jahre 1880 begingen die Bürger von Saarlouis die 200 Jahrfeier ihrer Stadt. Am Abend des 7. August sollten die Festlichkeiten ihren glänzenden Höhepunkt erreichen. Die Bürgerschaft, begrüßt durch ein gewaltiges Glockengeläute, zog in einem prächtigen Fackelzug durch die Straßen der Stadt und versammelte sich auf dem Großen Markt. Der Turm der Pfarrkirche war durch Kerzen illuminiert. Der Große Markt glich einem Lichtermeer. Hier begrüßte Bürgermeister Titz die zahlreich versammelten Bürger. Lieder und Chöre erklangen und in allen Gaststätten herrschte eine freudige Stimmung.

Gegen 11 Uhr der plötzliche Ruf »Feuer« lähmte diese Feststimmung. Im Nu stand der ganze Kirchturm in Flammen. Das Dach und Turmgebälk boten dem Feuer reichlich Nahrung. Über dem brennenden Kirchturm wehte noch kurze Zeit die Kirchenfahne, dann sank sie mit den herabstürzenden brennenden Balken auf die Glocken. Zwei schmolzen, flüssiges Erz floß in das Innere des Turmes. Nach dem Fall der dritten und vierten Glocke, stürzte der Turm mit furchtbarem Getöse in sich zusammen. Das rasende Feuer griff auf das Kirchendach über. Dechant Hecking und sein Kaplan Stein eilten unterstützt von Offizieren und Soldaten der Garnison und beherzten Bürgern herbei, die geweihten Gefäße und sonstige Wertgegenstände in Sicherheit zu bringen.

Ein scharfer Südostwind lähmte die Tätigkeit der Wehren aus Saarlouis, Dillingen und Fraulautern und trieb die Flammen auf die benachbarten Häuser, die völlig ausbrannten.

So war dem Jubiläumsfest zum 200jährigen Bestehen der Stadt ein schlimmes Ende gesetzt.

Am nächsten Morgen wird erst das Ausmaß der Katastrophe sichtbar. Das schöne Gotteshaus war ohne Turm, ohne Dach und Glocken, ohne Orgel und Uhr.

Zwischen den Pilastern über dem Eingangsportal, steht noch die Jahreszahl »1880« die der alten Barockkirche zum Verhängnis werden sollte.

Mit der Errichtung des neugotischen Glockenturms begann man am 6. April 1884. Das Bauwerk ist 1885 vollendet. Es werden vier neue Glocken angeschafft.

Die Seelsorge in der Pfarrei St. Ludwig übernimmt 1885 Alexander Subtil.

7. August 1880, zur 200-Jahrfeier der Stadt

Nachdem die Stadtverordneten-Versammlung einstimmig beschlossen hat, den

Gedenktag
der Gründung der Stadt Saarlouis

(5. August 1680)

festlich zu begehen, veröffentliche ich in Nachfolgendem das zur Feier des Tages entworfene Fest-Programm mit der an meine Mitbürger gerichteten ergebenen Einladung, sich an dem Feste rege betheiligen und dasselbe namentlich durch Beflaggen und Illumination ihrer Häuser heben zu wollen.

Saarlouis, den 27. Juli 1880.

Der Bürgermeister, **Titz.**

Fest-Programm.

Samstag, den 7. August,

Abends 8½ Uhr, Zapfenstreich mit Fackelzug und Aufführung mehrerer Lieder von vereinigten Gesang-Vereinen. Versammlung auf dem Brückenkopf.

Sonntag, den 8. August,

Morgens 6 Uhr, Reveille und Choral-Musik auf der Plattform des Kirchthurms.
9½ Uhr, Dankgottesdienst.
Von **11—12 Uhr,** Musik auf dem Platze vor dem Rathhause.
Mittags 1 Uhr, Festessen im Bürgerverein unter Theilnahme der von der Stadt geladenen Ehrengäste.
Nachmittags von 4—6 Uhr, Volksbelustigungen auf dem Marktplatze.
Um 6 Uhr, Uebung der städtischen freiwilligen Feuerwehr.
Abends 6½ Uhr, Gesang-Vorträge hiesiger und auswärtiger Vereine unter Mitwirkung des Fest-Musik-Corps.
8½ Uhr, Illumination und Feuerwerk.

1960.

Marienbrunnen 1956.

Dechant Alexander Subtil 1885–1933

Alexander Subtil, Pfarrer von Fremersdorf nahm am 4. Oktober 1885 seine seelsorgerische Arbeit an der verantwortungsvollen Pfarrstelle St. Ludwig in der Festungsstadt Saarlouis auf.

Die Stadt Saarlouis, von jeher der Sitz vieler militärischer und ziviler Behörden, erforderte die Kraft eines zielbewußten Mannes, aber auch die Gelassenheit einer liebenswürdigen Natur.

Alexander Subtil wurde am 12. Agust 1846 in Koblenz geboren.

1893 wurde er zum Dechanten des Dekanates Saarlouis ernannt.

1897 erfolgte in Trier seine Ernennung zum Ehrendomherrn.

1910 (Programm zur Feier im Saalbau) feierte er sein 25jähriges Pfarrjubiliäum. Die Pfarrgemeinde machte ein besonderes Geschenk: der neue Hochaltar. Er bestand aus 6 Bildern, die das Leben des hl. Ludwig darstellen. Geschnitzt wurden diese Bilder von Meister Steinlein aus Eltville am Rhein.

Zu Beginn des ersten Weltkrieges übte Dechant A. Subtil auch die Militärseelsorge aus.

Die Alexander Subtil Stiftung, die 1910 aus Anlaß des 25jährigen Pfarrjubiläums des Dechanten ins Leben gerufen wurde, konnte täglich etwa 140 armen Kindern ein warmes Frühstück verteilen, besonders während des Ersten Weltkrieges.

1920 anläßlich seines 50jährigen Priesterjubiläums am 25. 4. 1920, verlieh die Stadt dem Dechanten Alexander Subtil die Ehrenbürgerrechte.

Am 4. Oktober 1925 konnte Prälat Subtil sein 40jähriges Pfarrjubiläum feiern. Am gleichen Tag wurde ihm zu Ehren zur bleibenden Erinnerung der Pfälzerring am Gymnasium, vom Hohenzollernring bis zur Zeughausstraße, in Prälat-Subtil-Ring umbenannt.

1930 feiert Alexander Subtil sein 60jähriges Priesterjubiläum.

Dechant Heinrich Unkel 1933–1963

Am 22. 2. 1933 wurde der damalige Pfarrer von Bell, Kreis Mayen, zum Pfarrer von St. Ludwig ernannt.

1937 feiert er sein 25jähriges Priesterjubiläum. Im gleichen Jahr erhielt die Pfarrkirche eine neue Orgel.

Nach der ersten Evakuierung 1939/40 war die Kirche noch fast unbeschädigt. Aber nach der zweiten Evakuierung 1945, am Ende des Krieges, war die Kirche St. Ludwig stark beschädigt, alle Fenster zerstört, die Gewölbe über der Orgel eingestürzt, das übrige Gewölbe stark beschädigt, die Orgel völlig zerstört, der Hochaltar zum Teil und die Sakristei zum größten Teil durch Beschuß zerstört.

Mitten in der Aufbauarbeit richtete das Hochwasser 1947 erneut große Schäden an.

1951/52 wurden die Kriegsschäden behoben.

1954 wurde Pastor Heinrich Unkel zum Dechanten des Dekanates Saarlouis ernannt.

Am 4. August 1957 feierte er sein 45jähriges Priesterjubiläum.

Am 1. Mai 1960 erhielt er die Ernennungsurkunde in Trier zum Ehrendomherrn.

Am 29. Juli 1962 konnte er sein Goldenes Priesterjubiläum feiern.

1962 begannen die Sicherungsarbeiten an der Pfarrkirche St. Ludwig, da das Erdreich erneut nachgegeben hat und Risse im Mauerwerk entstanden.

Am 1. September 1963 starb Ehrendomherr und Dechant Heinrich Unkel. Er wirkte 30 Jahre an St. Ludwig.

Pfarrer Walter Helmes 1963–1974

Am 10. 11. 1963 tritt Pfarrer Walter Helmes, der aus Kempenich (Eifel) kommt, die Nachfolge von Dechant H. Unkel an.

Trotz der Sicherungsarbeiten konnte die alte Kirche nicht mehr erhalten werden. 1963 wurde sie baupolizeilich geschlossen.

Sofort nach Schließung der Kirche kam das Angebot des evangelischen Pfarrers Heinz König, die Gottesdienste in seiner Kirche zu feiern. Die Einladung wurde dankbar angenommen, und der ökumenische Gedanke wurde wahrhaft in die Tat umgesetzt.

Ab Februar 1964 wurde der Gottesdienst in der Notkirche auf dem ehemaligen Gelände des Zeughauses, gegenüber dem Canisianum, gefeiert.

Am 5. Januar 1965 begann der Abriß der Kirche St. Ludwig. Die Kirche wurde ohne Rücksicht auf Orgel, Fenster und reichhaltigem Inventar niedergelegt.

Das alte Pfarrhaus, 1685 erbaut, stand unter Denkmalschutz, diente zunächst als Unterkunft für die Bauleute und wurde dann abgerissen. Das neue Pfarrhaus wurde bereits 1957 an der Kavalleriestraßen gebaut.

Die neugotische Turmfassade, die man seinerzeit fest gegründet hatte, blieb erhalten.

1967 im Februar erhielt Prof. Dipl. Ing. Gottfried Böhm, Köln-Marienburg, den ersten Preis für seinen Planungsentwurf zum Bau der neuen Kirche. Der Neubau begann im Juli mit der Pfahlgründung (bis zu 10 m Tiefe).

Am 20. August 1970 wurde die Kirche geweiht.

Im Januar 1974 nahm Pastor Walter Helmes, inzwischen zum Dechanten ernannt, Abschied von der Pfarrei St. Ludwig.

Dechant Anton Heidger ab 1974

Sein Nachfolger wurde der bisherige Pastor von Langenlonsheim/Nahe, Anton Heidger. Am 13. Oktober 1974 wurde er als neuer Seelsorger von St. Ludwig feierlich in sein Amt eingeführt.

Am 26. Februar 1978 erhielt der Platz hinter der Pfarrkirche (ehemals Standort des alten Pfarrhauses) den Namen »Dechant-Unkel-Platz«.

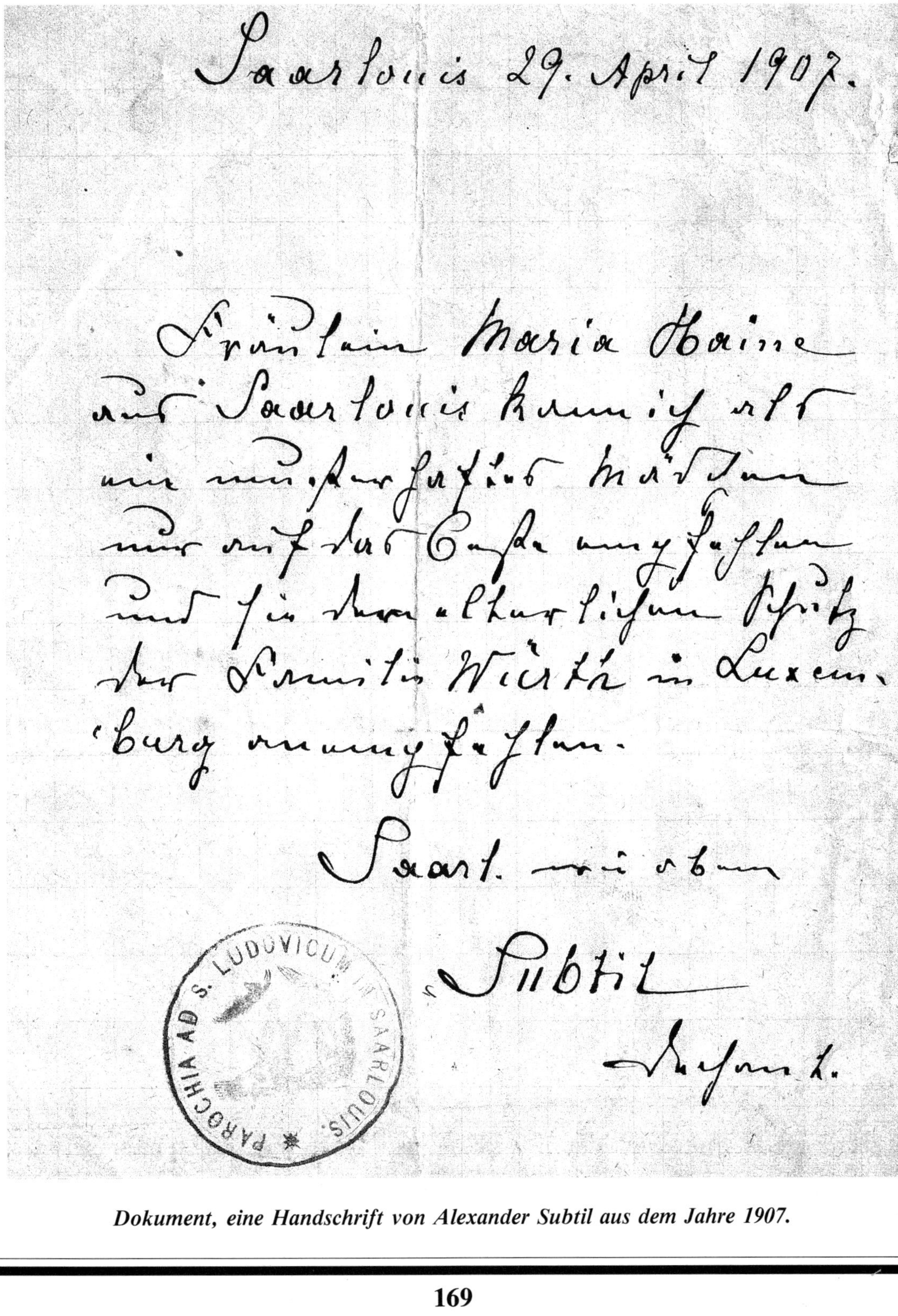

Saarlouis 29. April 1907.

Fräulein Maria Heine aus Saarlouis kann ich als ein rechtschaffenes Mädchen nur auf das Beste empfehlen und sie dem elterlichen Schutz der Familie Wirth in Luxemburg anempfehlen.

Saarl. wie oben

Subtil

Dechant.

PAROCHIA AD S. LUDOVICUM IN SAARLOUIS.

Dokument, eine Handschrift von Alexander Subtil aus dem Jahre 1907.

1980 im März wurde die neue Orgel (Orgelbaufirma H. Mayer, Heusweiler) geweiht.

1979/80 wurde die Turmfassade renoviert.

Dank der wiederaufgehängten Gemälde »Die Heilige Familie« und »Apotheose des hl. Ludwig« und der Aufstellung des alten Hochaltars, wurde ein Hauch Erinnerung an die ehemalige neugotische Kirche in die moderne, betonnüchterne und doch beeindruckend kathedral wirkende neue Ludwigskirche eingebracht.

ZUR JUBELFEIER

des

50jährigen Prieftertums unferes hochwürdigen Herrn Dechanten und Ehrendomherrn

A. Subtil

am Sonntag, den 25. April 1920, abends 8 Uhr

FAMILIEN-ABEND

im Saalbau.

Druckerei der Saarzeitung.

50jähriges Priesterjubiliäum des Herrn Dechanten und Ehrendomherrn Monsignore Alexander Subtil am 25. April 1920. In feierlicher Prozession wurde der Jubilar am Pfarrhaus abgeholt. Rechts im Bild Kaplan Klee 1914–1922 in Saarlouis.

Der Festzug mit dem Jubilar kurz vor dem Eintritt in die Kirche auf dem Großen Markt.

Die Prozession führte durch die Augustiner- und Zeughausstraße über den Markt zur Kirche.

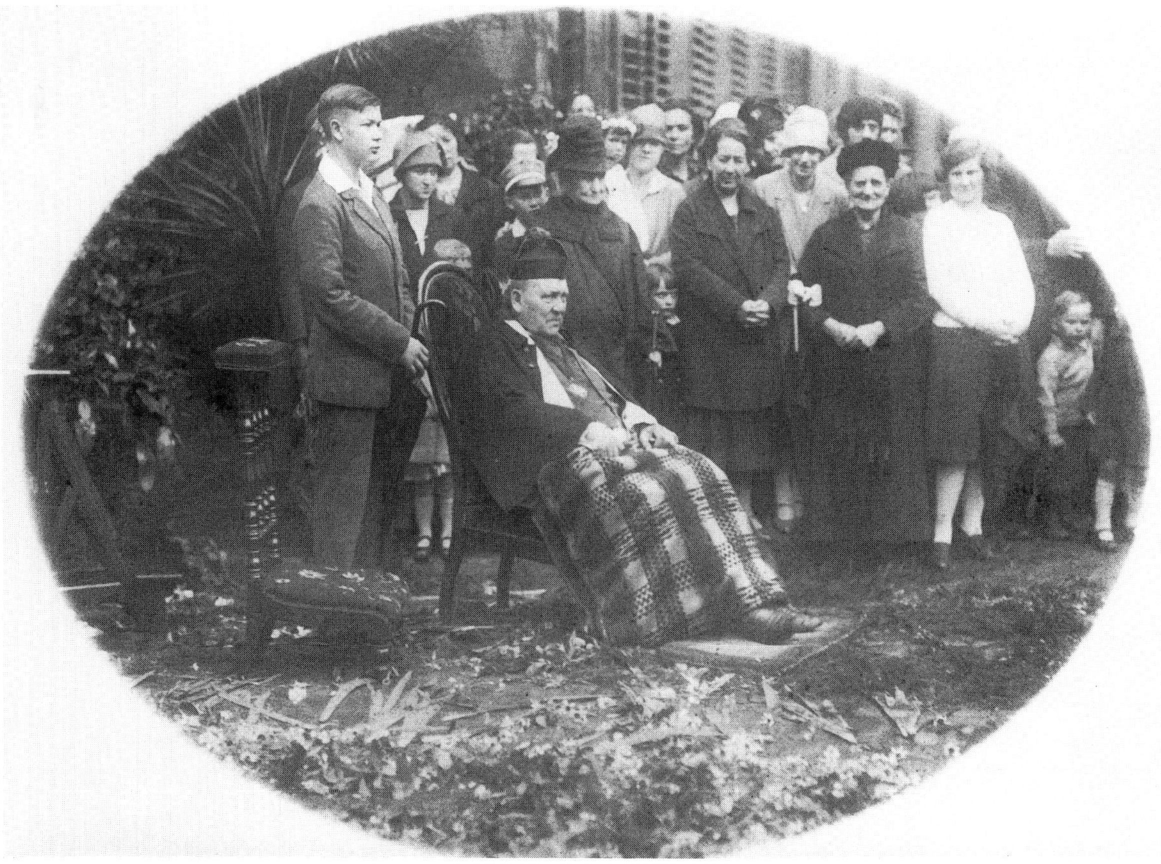

Im Pfarrhausgarten um 1932.

„Hin zum Gotte meiner Jugendfreude!"
(Ps. 42, 4.)

Im Namen des Dreieinigen Gottes
in treuester Hingabe an seine Kirche
in der Kraft der heiligen Sterbesakramente
nach einem Krankenlager von 4 Tagen
und einem Leben von 86 Jahren und 5 Monaten
im 63. Jahre seines Priestertums
ging in die Ewigkeit heute in der ersten Tagesstunde

Der Hochwürdigste Herr Prälat

Alexander Subtil

Pfarrer und Dechant in Saarlouis
Ehrendomherr an der Kathedrale zu Trier
Geistlicher Rat h. c.
Ehrenbürger der Stadt Saarlouis.

Uns war er mehr, uns war er seit dem Rosenkranzsonntag 1885

Vater

Vater in Liebe und Güte
Vater in unermüdlicher Arbeit und Hilfe
Vater in Klugheit und Lebensweisheit
Vater in sicherer und starker Führung.

Für diesen unsern treuen Seelenhirten bitten wir alle seine geistlichen Mitbrüder um das hl. Opfer, seine Pfarrkinder und Bekannten um das christliche Gebet.

In tiefer Trauer:
Die Pfarrgeistlichkeit
Der Kirchenvorstand
Die kirchliche Gemeindevertretung.

Saarlouis, den 4. Januar 1933.

SAAR-ZEITUNG A.G. SAARLOUIS

Des toten Priesters
letzte Mahnung.

„Ich hab' Euch den Taufschwur abgenommen:
o, brechet ihn nicht.
Ich hab' Euch den Glauben gelehrt:
o, verlieret ihn nicht.
Ich hab' Euch die Gebote gepredigt:
o, übertretet sie nicht.
Ich hab' Euch den Weg zum Himmel gezeigt:
o, verlasset ihn nicht.
Ich hab' Eure Ehen gesegnet:
o, entheiligt sie nicht.
Ich hab' Eure Kinder geheiligt:
o, vernachlässigt sie nicht.
Ich hab' Eure Toten ins Grab gesenkt:
o, vergesset ihrer nicht.
Ich liege jeizt selbst bei ihnen begraben:
o, vergesset auch meiner nicht."

Das Innere der Pfarrkirche St. »Ludwig« bis zur ihrem Abriß im Jahre 1965.

1984 zu Weihnachten wurde der holzgeschnitzte, dreiflügelige Hochaltar St. Ludwig, der 1910 Alexander Subtil aus Anlaß seines 25jährigen Pfarrjubiliäums von der Pfarrgemeinde gestiftet wurde, nach umfangreicher Renovierung im Chor der 1970 eingweihten neuen Pfarrkirche wieder aufgestellt.

Die Glocken von St. Ludwig

1688 – kamen die beiden Hauptglocken aus Wallerfangen.

1720 – ließ die Stadtverwaltung zwei weitere gießen.
Aus dem Kloster Fraulautern kam die im Jahre 1576 gegossene kleine Glocke.

1793 – Während der Französischen Revolution mußte die Pfarrkirche im August desselben Jahres drei Glocken abgeben.

1836 – wurden drei neue Glocken gegossen: Die erste zu Ehren des hl. Ludwig, die zweite zu Ehren des hl. Petrus, die dritte zu Ehren der hl. Jungfrau Maria. Im gleichen Jahr wurden die alte Hauptglocke und die mittlere Glocke umgegossen.

1838 – mußte auch die *Petrusglocke* umgegossen werden.

1880 – Am 7. August zur 200 Jahrfeier der Stadt, schmolzen beim Brand des Kirchturms zwei Glocken. Nach dem Fall der dritten und vierten Glocke brach der Turm zusammen.
Zur Beschaffung eines neuen Glockengeläutes stiftete der 1848 gegründete Männergesangverein durch Konzertspenden die *Josephsglocke*. Hinzu kamen die *Ludwigsglocke, die Petrus-* und die *Marienglokke.*

1885 – Am 23. August fand die Weihe der neuen Glocken statt.
Zum erstenmal läuteten sie am 4. Oktober 1885, beim Einzug des Prälaten Alexander Subtil.
Diese Glocken wurden im ersten Weltkrieg eingezogen.

1917 – Am 2. Juli wurden die Kirchenglocken abgenommen.

1923 – Am 22. Juli wurden folgende neue Glokken geweiht:
Die von den Schulkindern gestiftete *Josephsglocke*,
von der Männerwelt die 13 Ztr. schwere *Petrusglocke*,
von den Jungfrauen die 19 Ztr. schwere *Marienglocke*,
von Herrn Prälaten Subtil die 47 Ztr. schwere *Ludwigsglocke.*
Es waren die Glocken in den Tönen c', f', g' a'. Es fehlte dem Geläute die d' Glocke. Diese Glocke wurde dem hl. Michael geweiht. Gleichzeitig wurde die *Marienglocke* neu gegossen.

1936 – Am 24. Mai wurden die beiden Glocken geweiht. die *Michaelsglocke* sollte zum Gedächtnis an die Gefallenen und als Totenglocke läuten.
Darum die Inschrift:
»Wenn ich ertöne, denkt eurer Söhne' die Blut und Leben für uns gegeben. St. Michael verlaß uns nicht, wenn sterbend unser Auge bricht; Dann führ' die Müden in Gottes Frieden!«

1942 – Am 15. Juni wurden die c', d', f' g' Glocken abgenommen, nur die a' Glocke verblieb während des Zweiten Weltkrieges.

1950 – Die Beschaffung der neuen Glocken wurden durch Spenden der Stadt (die größte Glocke) und die tatkräftige Unterstützung der Gläubigen von St. Ludwig ermöglicht.
Im gleichen Jahr wurde durch ein am 9. Dezember gegebenes Konzert des Männergesangverein 1848 Saarlouis mit der Grubenkapelle Ensdorf zur Beschaffung der Glocken beigetragen.

1953 – Am 25. März wurden die neuen Glocken in einem festlichen Akt von Herrn Prälaten Dr. Weins, Trier, vor der Kirche geweiht. Diese neuen Glocken sind der erste Guß der Saarlouiser Glockengießerei Otto.

St. Ludwigsglocke, 2.300 kg, c'
»Erfülle mit neuem Klang, Glocke, die neue Stadt
Rufe mit Ludwigs Stimme die Herzen himmelwärts.«

St. Michaelsglocke, 1.650 kg, d'
» Wisset, daß ich, Michael, mit der Glocke Klang beweine
Die Toten der Krieg, die Vermißten und Gefangenen.

St. Marienglocke, 1.000 kg, f'
»Das Heil der Welt wurde uns allein durch dich geschenkt, Jungfrau Maria
Nimm unsere Stadt unter deinen mütterlichen Schutz.«

St. Josefsglocke, 700 kg, g'
»Das Heil aller ist sicher unter deinem Schutz St. Josephs
Diese unsere Stadt sei in allem dir anvertraut.«

St. Petrusglocke, 500 kg, a'
»Der du die Schlüssel trägst, dir sei die Glocke allezeit geweiht,
Öffne uns nach des Lebens Mühen die Tür zur Ewigkeit.«

Glockenweihe am 22. Juli 1923.

Am 25. März 1953 wurden die neuen Glocken von Herrn Prälaten Dr. Weins, Trier, in einem festlichen Akt vor der Kirche geweiht.

Durch die »Französische Straße« zum »Kleinen Markt«

Ecke Französische Straße und Bockstraße um 1900.

Die gleiche Stelle 1991.

Um 1915.

Um 1938.

Um 1915.

Um 1960.

Kleiner Markt um 1940.

Kleiner Markt 1991. Die Häuser links wurden in den Jahren 1896/97 gebaut. Dort war auch der Verlag der Saar-Zeitung. Auf dem Gelände der 1970 abgetragenene Kaserne V, steht das Textil-Kaufhaus Peek & Cloppenburg.

Kleiner Markt um 1940.

Hochwasserkatastrophe 1947.

Der überschwemmte Kleine Markt bei der Hochwasserkatastrophe 1947 von der Lisdorfer Straße aus.

Die gleiche Stelle heute.

Nach 1945.

Wiederaufbau in den 50er Jahren.

Kleiner Markt mit Kaserne IV – 1947 – Blick zum Amtsgericht. Vorne links stand der Ratskeller.

1991

Kleiner Markt Kaserne IV mit Galerie und C & A 1991.

Blick zum Kleinen Markt von der Lothringer Straße aus 1991.

1895 wurde das Hotel-Restaurant »Kaiserhof« eröffnet (die heutige Kreissparkasse am Kleinen Markt).

Nach der Beseitigung des Französischen Tores 1890 blieb die Grabenbrücke die zur Lisdorfer Straße führte erhalten. Sie wurde beim Auffüllen des Hauptgrabens zugeschüttet. Die ersten Häuser wurden in der Lisdorfer Straße in den Jahren 1894/96 gebaut.

Pilsner Bürgerliches Brauhaus.

Reine Saar-, Mosel- und Rheinweine.

Die Eröffnung

meines neuerbauten

Hotel-Restaurants

„Kaiserhof“

erlaube ich mir ergebenst anzuzeigen.

Saarlouis, den 27. Juli 1895

C. Foerst.

Vorzügliche Küche.

Münchener Franziskaner Leistbräu.

2349

Blick zur Lisdorfer Straße um 1912; vorne rechts Lothringer Straße, Hotel Guldner, später Petz.

Der gleiche Blickpunkt heute 1991.

Um 1915.

1991.

Kleiner Markt mit Kreissparkasse und 30er Denkmal um 1940.

Kreissparkasse 1991.

Der »Saalbau« und seine Veranstaltungen

Der Saalbau auf dem Kleinen Markt wurde im Oktober 1905 seiner Bestimmung übergeben.

Jahrzehntelang war er Schauplatz und Mittelpunkt des kuluturellen und gesellschaftlichen Lebens der Stadt.

Viele werden sich noch an die humorvollen Kappensitzungen zum Karnevalsauftakt, die glanzvollen Kostümfeste und Maskenbälle, die Veranstaltungen des Männergesangvereins an den »Tollen Tagen des Faschings« erinnern. Jubiläen, Konzerte, Theater – alle Veranstaltungen fanden in den Räumen des Saalbaues statt.

1970 mußte das Gebäude einem Kaufhaus weichen (C & A).

Eröffnet 1905.

Um 1910.

»Männerchor 1848« um 1930.

Saarlouiser Männer-Gesangverein

Lasset das Leben uns froh geniessen
Wir wollen munter und lustig sein;

Schnell die schönen Stunden verfliessen
Singet, lachet und schenket ein!

Feier des Geburtsfestes Sr. Majestät des Kaisers.

Grosser

Karnevals-Abend

Sonntag, am 4. Tage des Hornung,
im Jahre der Narretei 1912
Abends punkt 8 Uhr, 11 Min. 11 Sek.
im prächtig geschmückten grossen
Saale des Saalbaues zu Saarlouis.

Mitwirkende: Der gesamte närrische **Sängerchor,** mehrere geschätzte **Solisten** aus Nähe und Ferne, eine närrische **Schauspielertruppe** und die närrische **Hofkapelle.**

Es wird gebeten, die Spieler nicht zu kitzeln, auch nicht mit Apfelsinen und Zigarrenstummel nach der Bühne zu werfen.

Das Rauchen möge man vor Nr. 7 unterlassen.

Närrischer Fahrplan.

I. Zug.

1. **„Saarlouiser Leben“,** Marsch v. Bock . . . . Orchester
2. **„Bruder Lustik“,** karneval. Ouvertüre v. Nickel . . . „
   „Kaiserhoch u. Nationalhymne“.
3. **„Rothaarig ist mein Schätzelein“,** v. Attenhofer . . Männerchor
4. **„Leibschmerzen-Polka“** v. Reuter . . . . Orchester
5. **„Herzklopfen“** v. Kremser . . . . Männerchor u. Orchester
6. **„Wie die Gesangvereine entstanden sind“,** karnev. Vortr.
7. **Das beste Mittel,** 1. karnev. Lied.
8. **Lebrecht Fischbein aus Sachsen u. Mister Kox Box im Goldgräberlande**
   Humoristische Duo-Szene v. F. Renker
   Hr. M. Hr. L.
9. **„Geschichten aus dem Stadtgarten“,** Walzer v. Fetras Orchester
10. **„Der Bettelbua“,** humorist. Soloszene v. Maxstadt . . Hr. Z.
11. **„Aus de gudd alt Zeit“,** 2. karnev. Lied.

12. **Der Esel von Taucha.**
Lustiges Gesamtspiel mit Gesang v. Max Schmidt.

Personen:

Runckel, Privatier,		Hr. L.
Hummel,	seine Freunde	„ L.
Stobbe,	seine Freunde	„ A. D.
Kriemel,	seine Freunde	„ Sch.
Wurzelheim, Schauspieler		„ W.

13. **„Am Bosporus“,** Türk. Intermezzo . . . . Orchester

15 Minuten Pause.

II. Zug.

14. **„Boccaccio-Quadrille“,** v. Strauss . . . . Orchester

15. **Die beiden Piccolos.**
Fideles Duett v. Renker.
I. Piccolo, Hr. Z. **II. Piccolo,** Hr. H.

16. **„Das neue Kleid“,** 3. karnev. Lied.
17. **„Bleisoldaten-Parademarsch“** v. Sabathil . . . . . Orchester

18. **Hansadem, das Erzfilou**
oder: **„Die Angst vor dem Weibe“.**
Ein Faschingsscherz mit Gesang für 3 Personen.
(Frei nach Hans Sachse) v. G. Peter.
Hansadem Hr. A. S., dessen **Frau** Hr. Sch. **Bader** Hr. M.

19. **„Berlin, wie es singt und lacht“,** v. Schreiner . . . Orchester
20. **„Ein Refrain-Couplet“,** humor. Vortrag . . . . . . Hr. Weber
21. **„Allerlei aus Saarlouis“,** 4. karnev. Lied.

22. **Die kurierten Freier**
Komisches Terzett von R. Heinze.

I. Freier, Tenor I,	Hr. P. F.	**Vater,** Bass II,	Hr. H. H.
II. Freier, Bass I,	Hr. M.	**Tochter,**	Hr. R. H.

23. **„Operetten-Revue“,** grosses Potpourri v. Fetras . . . Orchester.
24. **„Ballonfahrt!“** Heimbringen von Festteilnehmern.
Der Transport wird durch das Dachfenster oder durch das Etagenfenster vorgenommen. Billigste Berechnung.

Ball.

SAARLOUIS

„Mir Saarlouiser Buwe"

Das älteste Karnevalslied unserer Heimat

Mir Saarlouiser Buwen — sen stolz off onser Vaterstadt,
Mer kannen et prouwen: Kän Deibel macht ons matt!
Wie scheen ess et hier, net se kalt, net se warm,
Em Summer wie grien es de ganze Place d'armes!
Do derf ma spazieren — on braucht kä Dubbel defor se genn,
Ja ohne sich s'genieren — scheen langsam on geschwenn —.
Du Fliehmännche, flieh fort,
Dei Heischen brennt, dei Kennerchen kreischen:
Hirle flieh, Hirle flieh — S — S —

On morjens ganz frieh schon — kann an de Born mer drenken gehn,
Noher leit ma driesch on — wart bes om 'n Uhre zehn.
Dann fendt schon Gesellschaft — der Knecht on der Här,
For ähen se knauen — de Wahl gefft äm schwer.
For käner se piquieren — der Jacques on der Klos oder gar der Hans,
Loßt mancher sich verfiehren — on macht de Tournee ganz
Van der Hans bei der Klos, van der Klos bei der Hans.
Du Fliehmännche, flieh fort,
Dei Heischen brennt, dei Kennerchen kreischen:
Hirle flieh, Hirle flieh — S — S —

Watt gucken die Fremen — wann s'all dat Lewen hie gesinn:
„Meh scheener wie doheenen — nur de Bredcher sen ze klien!"
Allemol sen se kläner bei ons wie bei Auch,
mer macht se riwerall noh de Greßt van de Bauch!
Dau großes Volk van Denker — groß Bredcher wär Wasser off Auer Mill —
Der koschten ons, zom Henker — doch so scho vill se vill!
Vill se vill, vill se vill, vill se vill, vill se vill —
Du Fliehmännche, flieh fort,
Dei Heischen brennt, dei Kennerchen kreischen:
Hirle flieh, Hirle flieh — S — S —

Mer setzen so sicher, en all die gutt dick Mauern,
Mä, so gefft et nirgends — kä Platz meh off de Welt.
En de Metten mir Hären — on ronseromm de Bauern.
Ma setzt wie em Deppen — e pomme de terre gequetscht.
On kommt dann so'n Monstre — mer hott er jo schon —
On mennt — onseräner wär ach en Zitron,
On fängt ahn se uetschen, dann zillt mer off sei Buddinetsch
On haut em se met ä Streich — so brät als wie en Quetsch.
Wie e Quetsch, wie e Quetsch, wie e Quetsch, wie e Quetsch.
Du Fliehmännche, flieh fort,
Dei Heischen brennt, dei Kennerchen kreischen:
Hirle flieh, Hirle flieh — S — S —

Saalbau um 1960.

Das »Dreißiger Denkmal« am Hohenzollernring

Den Gefallenen ihres Regimentes setzten die »Dreißiger« 1910 im Hohenzollernring ein Denkmal.

Eine unübersehbare Menschenmenge kam zur Einweihungsfeier am 21. August 1910.

Dieses Denkmal ist das Einzigste, dessen Bronzeplastik nach dem Zweiten Weltkrieg nicht demontiert wurde.

Die französischen Besatzungsbehörden hatten lediglich an der Inschrift Anstoß genommen und die Worte: – In ruhmreichen Kriegen – entfernen lassen. Heute sind sie wieder eingefügt.

Die Inschrift lautet:
»ZUM EHRENDEN ANDENKEN AN DIE IN RUHMREICHEN KRIEGEN GEFALLENEN DREISSIGER«

Einweihungsfeier des Denkmals 1910.

Vom »Hohenzollernring« zum »Prälat-Subtil-Ring«

Kleiner Markt mit Saalbau und Hotel Kaiserhof. Blick zum Gymnasium um 1905.

Hohenzollernring 1991.

Hohenzollernring mit Robert-Schuman-Gymnasium, im Hintergrund links, der Neubau der St. Elisabeth Klinik.

Ehemaliges Bankhaus Bickelmann in der Gymnasiumstraße.

Gymnasium um 1900.

Robert-Schuman-Gymnasium 1991.

Gymnasium.

Hohenzollernring vom Gymnasium aus in Richtung »Kleiner Markt«.

Die St. Elisabeth Klinik

Aus dem Mutterhaus der Franziskanerinnen Waldbreitbach kamen 1875 die ersten Schwestern, und widmeten sich in Saarlouis der Krankenpflege in einem Heim für Kranke, in der Augustinerstraße, welches von Fräulein Delphine Motte, Tochter des königlichen Notars Ludwig Heinrich Motte, errichtet wurde.

Ein größeres Haus erwarb Frl. Motte 1888 in der heutigen Friedensstraße. 1898 starb Fräulein Motte 83jährig in Metz. Sie vermachte ihr Vermögen den Schwestern, so daß mit dem Neubau eines Schwestern- und Krankenhauses, der heutigen Elisabethklinik, begonnen werden konnte, der noch vor der Jahrhundertwende fertiggestellt wurde.

Die Franziskanerinnen führen auch seit 1936 den Pfarrkindergarten.

Gymnasium mit Kloster (Klinik) um 1900.

Gymnasium und Klinik – Hohenzollernring um 1915.

Hohenzollernring zum Alexander-Subtil-Ring mit Klinik und Amtsgericht 1991.

Um 1900.

Prälat-Subtil-Ring, Gymnasium, Klinik und das Amtsgericht. Im Hintergrund, am Choisyring, die Trainkaserne.

Gymnasium mit Kloster (Klinik) um 1898.

Klinik und Amtsgericht 1991.

St. Elisabeth-Klinik 1960

Amtsgericht 1960. Einweihung am 7. Januar 1908.

Amtsgericht und Volksschule

Das Amtsgericht befand sich bis 1908 in der dritten Etage des nach 1880 um ein Stockwerk erhöhten alten Rathauses.

1888 wurde die Einführung des Grundbuches angeordnet. Wegen Platzmangels mietete das Amt Räume in der Wirtschaft – Zum weißen Kreuz – später in der Titzstraße.

Die Räumlichkeiten genügten den Anforderungen bald nicht mehr. Auf dem ehemaligen Festungsgelände – Ravelin II – (heute Prälat-Subtil-Ring) baute man ein eigenes Gerichtsgebäude, und gleichzeitig im rückwärtigen Teil ein Gefängnisgebäude.

Am 7. Januar 1908 wurde das Amtsgericht seiner Bestimmung übergeben.

1908.

1991.

Volksschule – Einweihung November 1901.

Volksschule vom Schulhof aus 1991.

Programm

zur

feierlichen Eröffnung des neuen Volksschulgebäudes zu Saarlouis

am Montag, den 18. November 1901.

1. Sonntag, den 17. November,
vormittags 10 Uhr bezw. 12 Uhr,

kirchliche Einsegnung des Volksschulgebäudes durch den Ehrendomherrn Herrn Dechanten Pfarrer Subtil bezw. Herrn Pfarrer de Haas.

2. Montag, den 18. November, vormittags 10 Uhr,
Schulfestgottesdienst in der katholischen und evangelischen Pfarrkirche.

3. Nach dessen Beendigung

Festzug nach dem neuen Volksschulgebäude, Uebergabe desselben an die Schule, Schulfeier im Innern des neuen Hauses, sodann Verteilung von Brezeln an die Schuljugend.

4. 12½ Uhr

Festessen im Saale des Bürgervereins, für welches eine Teilnehmerliste in Umlauf gesetzt ist.

Eltern, Verwandte und Freunde der Schuljugend werden zur Teilnahme an der Feier ergebenst eingeladen.

Saarlouis, den 12. November 1901.

Der Bürgermeister,

2865 **Titz.**

Karcherstraße mit Volksschule und Kaserne IV 1991.

Kaiser-Friedrich-Ring, Blick zum Kleinen Markt, im Hintergrund der Saalbau.

Adolf-Hetzler-Straße in Richtung Hohenzollernring, im Hintergrund der Hausen Verlag.

Konditorei und Café J. P. Greff Ecke Lisdorfer- und Bahnhofstraße. Eröffnung des Hauses am 27. Oktober 1912.

Lisdorfer Straße Richtung Kleiner Markt 1991.

Blick zum Kleinen Markt, mit Torpassage und Kaserne IV, von der Lisdorfer Straße aus vor 1890.

Die ersten Häuser wurden ab 1894 in der Lisdorfer- und Ludwigstraße gebaut.

Die Kleinbahn

Die feierliche Einweihung des mit Blumen und Girlanden geschmückten Kleinbahnhofes, vollzog am 28. Juli 1897, Bürgermeister Titz, (vorne am Bahnsteig mit Zylinder und Blumenstrauß) mit Mitgliedern des Stadtrates, Militärs, Geistlichen und vielen Zuschauern.

Der Kleinbahnzug ist ebenfalls mit Girlanden festlich geschmückt. Der Zug steht in Richtung Ensdorf.

Auf dem Wagen Nr. 2 ist zu lesen: Ensdorf-Saarlouis-Wallerfangen.

In Richtung Wallerfangen fuhr die Kleinbahn am Zollamt (heute Arbeitsamt) vorbei, über die Lothringer Straße durch die Wallerfanger Straße.

An dieser Bahnlinie lagen für den Gütertransport zahlreiche Lagerhallen mit Verladerampen, (heute noch in der Eisenbahnstraße zu sehen).

Die Firma Villeroy & Boch hat den Bau dieser Strecke finanziell unterstützt, da der Transport der Steinguterzeugnisse auf der Schiene Preisvorteile brachte.

Der Kleinbahnhof in Saarlouis wurde 1970 abgerissen. Auf diesem Gelände befinden sich heute die Kreisverkehrsbetriebe Saarlouis (K.V.S.).

Der Kleinbahnhof Wallerfangen dagegen steht noch und wird gewerblich genutzt.

Zur Feier der Eröffnung des Betriebes der Kleinbahn Ensdorf-Saarlouis-Wallerfangen

findet am

Donnerstag, den 29. d. Mts., nachmittags um 4 Uhr,

im Kaiserhof hierselbst ein

Festessen

statt. — Preis für das Gedeck ohne Wein 5,00 Mark.

Diejenigen Herren, welche an demselben teilnehmen wollen, werden gebeten, bis zum 24. d. Mts. ihren Namen in die Listen eintragen zu wollen, welche im **Kaiserhof** und auf dem **Bürgermeisterei-Amt** zu diesem Zwecke offen liegen. 2359

Der Bürgermeister,
Titz.

Der Kleinbahnhof in Saarlouis bei der Einweihung.

Der Kleinbahnhof Saarlouis bei der Einweihung.

Kleinbahnhof Wallerfangen um 1900.

Kleinbahnhof Wallerfangen 1991.

Am 29. Januar 1899 fuhr die erste Dampfstraßenbahn zum 3,2 km entfernten »Staatsbahnhof Fraulautern«.

Der »Feurige Elias«, wie die Dampfbahn genannt wurde, kam zu ihrem Namen, durch die sprühenden Funken aus dem Schornstein. (Hier auf der Saarbrücke in Richtung Bahnhof Fraulautern).

Die Strecke der Dampfbahn war: Saarlouis-Kleinbahnhof, durch den Kaiser-Friedrich-Ring, zum Kleinen Markt, Großer Markt, hier war das Ausweichgleis auf dem der Gegenzug abgewartet wurde, über die Saarbrücke zur Rodener Schanze, dort bog sie in die Fraulauterner Straße ab, zum »Staatsbahnhof Fraulautern«.

Diese Strecke legte die Dampfbahn in 15 Minuten zurück.

Das Ausweichgleis der Dampfbahn.

Von der Dampf- zur Elektrischen Straßenbahn

Die Strecken der Kleinbahn werden ab 1913/14 für elektrische Straßenbahnen umgerüstet.

Unter Bürgermeister Titz, mit Unterstützung des Landrates von Schütz, wird eine ca. 40 km lange Gleisstrecke gebaut. Der Ausgangspunkt ist der Kleine Markt.

Zur gleichen Zeit wird auch die allgemeine Stromversorgung für das Kreisgebiet erschlossen.

Das Elektrizitätswerk an der Lisdorfer Straße lieferte den Strom.

Die Kravag (Kraft und Verkehrsbetriebe A.G.) wurde 1922 durch den Kreis gegründet.

Die VSE, (Vereinigte-Saar-Elektrizitätswerke A.G.) kaufte 1930 das Elektrizitätswerk.

Nachdem die Kravag 1939 aufgelöst wurde, übernahmen die K.V.S. (Kreisverkehrsbetriebe-Saarlouis A.G.) die Betriebsführung.

Heute befindet sich auf dem Gelände des Straßenbahndepots, die Freiwillige Feuerwehr der Stadt.

An der Stelle des Elektrizitätswerkes befindet sich heute ein großer Parkplatz.

Die Elektrische Straßenbahn um 1930 vor dem Saalbau am Kleinen Markt.

Die Elektrische Zentrale um 1915. Die Gleise im Vordergrund führen zum Kleinbahnhof.

Der Kamin des Elektrizitätswerkes besaß ursprünglich eine Höhe von 105 Metern. 1960, als dieses Foto entstand, war der Kamin auf diese Höhe abgetragen.

»Pluto's« letzte Fahrt 1961.

Die Linie 9, im Volksmund auch »Pluto« genannt, fuhr ab 1. September 1925 mit 6 Anhängern zur Grube »La Houve« Creutzwald.

Aus dem Kreis Saarlouis benutzten täglich 1 500 Bergleute diese Bahn.

Die letzte Fahrt der Linie 9 war am 28. Februar 1961.

1960 wurde auf Omnibusbetrieb umgestellt.

Der Busbahnhof am Kaiser-Friedrich-Ring Kleiner Markt 1960.

Halle der damaligen Kreisverkehrsbetriebe in der Titzstraße. Heute ist dort die Feuerwache.

Der Staatsbahnhof »Fraulautern 1860« und Der neue Staatsbahnhof »Saarlouis 1910«

1860 wurde der Bahnhof Saarlouis-Fraulautern seiner Bestimmung übergeben.

Die Teilstrecke Saarlouis–Merzig wurde 1856 eröffnet. Vollendet wurde die Bahnlinie Saarbrükken–Trier im Jahre 1858.

Im Jahre 1898, nach der Entfestigung der Stadt, fuhr zum Bahnhof Fraulautern zunächst eine »Dampfbahn«.

Die Dampfstraßenbahn schaffte eine Verbindung vom Bahnhof der städtischen Kleinbahn mit der Staatsbahn zum Bahnhof Fraulautern.

Der »Fraulauterner Staatsbahnhof erbaut 1859« – Lithographie von F. A. Borchel um 1860 – (aus dem Kalender der KSK-Saarlouis 1680–1980).

Vermischte Nachrichten.

* **Saarlouis**, 21. Aug. Da am Montag früh zu den ersten Zügen der Andrang am Fahrkarten-Schalter voraussichtlich ein außergewöhnlich starker werden wird, da zu dieser Zeit außer den Personenzügen auch noch Arbeiterzüge mit sehr starker Frequenz gefahren werden, so hat sich die Fahrkarten-Ausgabe bereit erklärt, denjenigen Pilgern, welche Montag früh mit dem ersten Zuge (5²⁹ Uhr) nach Trier fahren wollen, ihre Fahrkarten am Sonntag Nachmittag zwischen 4 und 5 Uhr zu verausgaben, und dürfte es den betr. Pilgern sehr zu empfehlen sein, von dieser Vergünstigung Gebrauch zu machen.

* Seitens der Eisenbahndirektionen sind die Schaffner neuerdings wieder angewiesen, auf den Endplattformen der Personenwagen während der Fahrt keine Reisenden zu dulden. Die Anordnung liegt im eigensten Interesse der Reisenden, da die auf den Plattformen befindlichen Personen gar leicht schon infolge eines mäßigen Stoßes, wie solcher z. B. beim Durchfahren der Weichen stets eintritt, von der Plattform herab oder zwischen die Wagen geschleudert werden können.

Aus dem Saarlouiser Journal vom 21. 8. 1891.

Fünfzig Jahre nach dem Bau des Staatsbahnhofs Fraulautern wird am 20. Dezember 1910 der neue »Staatsbahnhof Saarlouis«, der im Jugendstil errichtet wurde, in Betrieb genommen.

Roden wurde 1907 durch die Eingemeindung ein Stadtteil von Saarlouis. Somit steht der neue Bahnhof auf Saarlouiser Bann, aber doch noch weit außerhalb des Stadtzentrums.

Bahnhof-Saarlautern 1938.

Bahnhof Saarlouis um 1955.

Bahnhof Saarlouis um 1955.

Hochwasser in den Fliesen 1933.

Blickrichtung Hauptbahnhof.

Die evangelische Kirche

Die Kaiser-Wilhelm-Straße

Das Landratsamt (Kreisständehaus)

Neue evangelische Kirche um 1910.

Bau der Kanalisation

Bevor die Wallgräben zugeschüttet wurden, an der Stelle der neuen evangelischen Kirche um 1900. Heute Luxemburger-Ring, Kaiser-Friedrich-Ring. Vorne links im Bild die Spitze der Bastion V (Louise). Die Mauerhöhe beträgt 11 m, darüber sind noch 3 m Erdaufschüttung.
Der Arbeiter an der Mauer hält eine Meßlatte von 4 Metern in der Hand. Genau an dieser Stelle steht heute das evangelische Pfarrhaus.
Die Grabenbrücke oben im Bild ist die Kaiser-Wilhelm-Straße, mit den Häusern rechts, 1896 gebaut, die heutige Kraftfahrzeug-Zulassungsstelle. Auf dem Gelände davor rechts am Grabenrand, steht heute das 1911 in Dienst gestellte Landratsamt.

Die alte und die neue evangelische Kirche

Den Formen der deutschen Renaissance ist die evangelische Kirche nachempfunden, die 1906 auf dem Gelände der Bastion Louise (V) vollendet wurde. Die Einweihung der neuen Kirche war am 29. Juni 1906.

Als Elemente jener Stilepoche treten in der Außenarchitektur vor allem die Schweifwerke der Giebel und die zahlreichen Fächerrosetten hervor.

Über dem Seitenportal befindet sich der Wappenspruch der Stadt:
»CHRISTUS, SOL MUNDI, DISSIPAT ATQUE FOVET«.

Doch finden sich auch in den Grünanlagen aufschlußreiche Bezüge.

So kam eine der Linden vom Sterbeort der Königin Louise. Die beiden Eichen am Kircheneingang wurden aus Eicheln gezogen, die von der Lutherkirche und vom Bismarkschen Sachsenwald stammten.

Schon wenige Jahre nach der Einweihung des neuen Gotteshauses wurde die alte evangelische Garnisonskirche dem Ausbau der Kaiser-Wilhelm-Straße geopfert. 1911 kurzerhand auf Abbruch verkauft, wurde sie noch im selben Jahr niedergelegt.

Von der alten Garnisonskirche aber blieben nur die beiden Eisenkreuze erhalten, die bis heute im Garten der Pfarrkirche zu sehen sind.

Achtzig Jahre lang feierten die protestantischen Bürger ihre Gottesdienste im »Salle des Cadets« dem ehemaligen Fechtsaal, der am Fuße der Bastion Louise (V) stand.

Den Ausbau zur evangelischen Garnisonskirche hatte Preußenkönig Friedrich Wilhelm III. bei einem Besuch der Festung, am 26. Juni 1821, höchstpersönlich angeordnet.

Sie wurde am 3. August 1822 eingeweiht und diente bis 1907 als Garnisonskirche. Wegen des geringen Gebäudewertes lehnte der Militärfiskus jedoch den Bau eines Kirchturmes ab.

Seit dem Einzug der preußischen Truppen war die Zahl der protestantischen Familien in Saarlouis ständig gestiegen.

August de Haas war 1889, nach einer Reihe von Garnisonspredigern, der erste Zivilpfarrer der evangelischen Gemeinde Saarlouis. 1919 wurde der beliebte Seelsorger ausgewiesen.

Sein Nachfolger war 1920 Carl Roderich Richter. Er blieb bis zur Erreichung der Altersgrenze 1955.

1956 übernahm Heinz König die Pfarrstelle. Er hat die Mitbenutzung der evangelischen Kirche angeboten, als im Oktober 1963 die kath. Pfarrkirche St. Ludwig wegen Einsturzgefahr geschlossen wurde. Bis zum Februar 1964 wurden dort die kath. Gottesdienste abgehalten.

Blick von der Bastion Louise (V) auf die Stadt. Von der Kaiser-Wilhelm-Straße zur Silberherzstraße. Vorne links die alte ev. Kirche, vorne rechts die Kaserne VI.

Im Vordergrund Bastion Louise, rechts die alte ev. Garnisonskirche, die heutige Wallstraße.

Alte ev. Garnisonskirche – ehemals Salle des Cadets – Fechtsaal.

Blick von der Brauereistraße auf das Pfarrhaus und die evangelische Kirche um 1910.

Kaiser-Wilhelm-Straße 1991.

Das Hochhaus an der Kaiser-Wilhelm-Straße.

Das Landratsamt um 1900 (erbaut 1894/95).

1991.

Der Erweiterungsbau des Landratsamtes wird zwischen der ev. Kirche und dem Kreisständehaus errichtet, hier im Bau um 1910.

Kreissparkasse, erbaut 1896, heute Kreisbauamt.

Kaiser-Wilhelm-Straße.

Kaiser-Wilhelm-Straße – 1991.

Kaiser-Wilhelm-Straße.

Kaiser-Wilhelm-Straße.

Landratsamt Kaiser-Wilhelm-Straße 1960.

Um 1910.

Das Landratsamt in der Kaiser-Wilhelm-Straße um 1938.

Die gleiche Aufnahme 1991.

Das Landratsamt wurde am 3. November 1911 seiner Bestimmung übergeben.
Bis 1894 war das Landratsamt in der Grünebaumstraße im Hause Koch untergebracht.
1816 wurde der Kreis Saarlouis Verwaltungsbezirk.

SAARLOUIS Kreisständehaus

Am Eingang zum Landratsamt.

Das städtische Ehrenmal am Landratsamt

Städtisches Ehrenmal für die Gefallenen des Ersten Weltkrieges 1914–1918 (Der erste Standort des Denkmals war vor dem Kommandanturgebäude, heute Postamt, auf dem Großen Markt. Einweihung am 30. September 1928.)
Vor dem Zweiten Weltkrieg erhielt das Ehrenmal einen neuen Standplatz zwischen der evangelischen Kirche und dem Landratsamt. Die nach dem Krieg entfernte Kriegerplastik ließ die Stadt 1963 neu gestalten.

Saarlautern – Gefallenen-Ehrenmal 1938.

Das Kreis-Krieger-Denkmal
Höhere Töchterschule
(Lyceum)
heute Verwaltungsgericht

»Das Kreis-Krieger-Denkmal« vor dem damaligen Oberlyceum, (heute Verwaltungsgericht) wurde zum Gedenken an die Opfer des Deutsch-Französischen Krieges 1870/71 gemeinsam von den Kriegervereinen der damaligen 78 Gemeinden des Landkreises Saarlouis, am 20. Mai 1901 eingeweiht.

Nach dem Zweiten Weltkrieg wurde das zum Teil zerstörte Denkmal als schlichte Gedenkstätte gestaltet. (Heute steht nur noch der Sockel).

Das Kreis-Krieger-Denkmal ist das älteste Denkmal der Stadt.

Inschrift:

**»VERGISS SIE NICHT
O VATERLAND
DIE MACHT UND GRÖSSE
DIR ERWORBEN
UND DIE DAS SCHWERT
IN TAPFERER HAND
FÜR DICH ALS HELDEN
SIND GESTORBEN«**

Höhere Töchterschule (Lyceum), 1897 bis 1903 erbaut. Einweihung 11. Oktober 1903.

Heute Verwaltungsgericht des Saarlandes – 1991.

Metzerstraße, Blick zur Lothringerstraße 1950 (heutiger Kreisverkehr).

Am Kreisverkehr 1991.

Lothringer Hof, von der Kaiser-Wilhelm-Straße aus, 1960.

Lothringer Hof, Blick zum Kreisverkehr. Vorne rechts im Bild, das Arbeitsamt 1990.

Bastion IV
Alexandrine 1896
Durchbruch zur Lothringer Straße
Theater am Ring

Bastion IV – Alexandrine 1896.
Durchbruch zur Lothringer Straße, links der langgestreckte Bau Kaserne VI, rechts die Kaserne V (heute Peek & Cloppenburg). Auf dem Gelände links der Straße, steht heute das Theater am Ring. Vorne im Bild verläuft der heutige Kaiser-Friedrich-Ring.

Theater am Ring 1991.

Das Theater am Ring, erbaut von dem Kaufmann Ernst Gill aus Saarlouis, wurde am 22. Dezember 1960 durch ein Konzert des »Saarländischen Kammerorchesters«, unter der Leitung von Karl Ristenpart, feierlich eröffnet (Das Kammerorchester wurde 1953 in Saarlouis von Karl Ristenpart gegründet).

Theater am Ring im Bau.

Theater am Ring – 1960.

»Die Altstadt«

Im Hintergrund, das Haus auf dem Gelände der ehemaligen Synagoge, (früher im Innenhof der Silberherzstraße Nr. 14).

Die Synagoge der jüdischen Gemeinde Saarlouis wurde am 30. April 1828 eingeweiht und 1938 durch Brand zerstört.

Am 10. November 1979 wird eine Gedenktafel an der Synagogenruine angebracht. Dort hing sie bis zum Abriß des Gebäudes.

Inzwischen wurde die Tafel an der Außenwand des Hauses im Postgäßchen angebracht, in dem sich auch ein Gedenkraum befindet, der am 9. November 1987 eingeweiht wurde.

Postgäßchen 1991.

Sonnenstraße um 1905.

Sonnenstraße – Blick zur Französischen Straße – 1991.

Sonnenstraße –
Blick zur Kaserne VI mit Hochhaus – 1991.

7. Himmel – Alte Brauerei- und Bierstraße.

Marschall Ney aus der Bierstraße

Am 10. Januar 1769 wird in Saarlouis Michel Ney geboren.

Michel Ney, der Sohn eines Küfermeisters aus der Bierstraße, hatte das Augustinerkolleg verlassen und war Angestellter der Dillinger Hütte, und später der Eisenhütte in Falk bei Hargarten.

Mit 18 Jahren trat er in ein Husarenregiment in Metz ein, mit 23 Jahren wurde er Brigade-General.

Die Festung Saarlouis ist ab 1793 bedeutungslos geworden. Viele junge Männer aus der Stadt, mit dem Soldatenleben vertraut, werden vom Ruhm der Revolutionsheere angezogen, sie kämpfen später unter den Standarten Napoleons auf den Schlachtfeldern Europas.

Ney der Revolutionsgeneral, wurde 1804 als Marschall des Kaisers eine der sichersten Stützen der militärisch-despotischen Macht Napoleons. Ney kämpfte in Oberitalien, in Preußen, in Polen, in Spanien und in Portugal.

1808 wird er zum »Herzog von Elchingen« ernannt.

Im Rußlandfeldzug des Jahres 1812 erwirbt sich Ney durch seinen draufgängerischen Einsatz den Titel eines »Fürsten von der Moskowa«.

Beim unglückseligen Übergang über die Beresina, (rechter Nebenfluß des Dnjepr) befehligt er im November 1812 die Nachhut, die den Rückzug der Grande Armée decken soll. Der größte Teil der auf dem Rückzuge befindlichen Armee Napoleons I. ging zugrunde.

Von seinen Soldaten und vom Kaiser wurde Ney – le brave des braves – (der Tapferste der Tapferen) genannt.

1814 drängt er den Kaiser zur Abdankung, und tritt nach der Verbannung Napoleons, in die Dienste der Bourbonen und wird von Louis XVIII. zum Pair von Frankreich und zum Ritter des Ordens vom hl. Ludwig ernannt.

Vom 6. bis 8. April 1814 hielt sich Michel Ney in seiner Vaterstadt Saarlouis auf. Er kam von Paris über Metz mit dem Auftrag, die westlichen Grenzbezirke zu inspizieren. Die Bürger drängten sich um ihn, einen Bürger, auf den sie stolz waren.

In Begleitung seines Vaters Peter Ney, begab er sich von der Kommandantur auf den Markt und dann in die Kirche. Nach dem Gottesdienst nahm er auf dem Großen Markt die Parade der Garnison ab. Zu Ehren des Marschalls veranstaltete die Stadt ein Fest.

Von Saarlouis begab sich Ney nach Saarbrücken, Landau, Straßburg, militärische Besichtigungen durchführend.

Am 12. April 1814 erst erfuhr die Garnison durch den Metzer Kurier von Napoleons Verbannung auf Elba, und vom Einmarsch der Preußen, Österreicher und Russen in Paris.

Der Kommandant von Saarlouis versicherte in einer Rede, er werde trotz dieser Kriegslage den Belagerern den Einmarsch in die Stadt mit allen Mitteln verwehren. Nach Vereinbarung einer Waffenruhe zogen die Belagerer bald ab.

Die Freude der Bürger war groß. Sie hatten die Kriegs- und Notzeiten mehr als satt.

Am 24. April 1814 wehte auf dem Kirchturm in Saarlouis zum Erstaunen der Bürger das französische Lilienbanner.

Frankreich hatte es in Wien beim ersten Pariser Frieden erreicht, die Erwerbungen von 1792 behalten zu dürfen. Dazu gehörten Saarlouis, das Saargebiet und die Festung Landau.

Der Stadtrat von Saarlouis reichte an die bourbonische Regierung einen Antrag ein, der Stadt das alte Stadtwappen mit der Sonne und dem Spruch:

»Dissipat atque fovet«

zu bestätigen.

Am 10. März des folgenden Jahres erfahren die Bürger und die Soldaten von Saarlouis, von der zehn Tage zuvor erfolgten Landung des verbannten Kaisers Napoleon mit 1 000 Mann bei Cannes. Altgediente Soldaten stürmten ihm zu. Napoleon begann den Marsch auf Paris.

Auf Befehl des Königs zog Ney Napoleon entgegen. Ney ist über Napoleon ergrimmt:

Reiter der »Grande armée Napoleons I.« um 1812.

Napoleon I.

»*Er verdient, daß man ihn in einen eisernen Käfig stecke*«.

Die folgenden Tage bringen seine Haltung zum Exkaiser ins Schwanken, sie bringen eine Umkehr in sein Denken und Handeln. Ney, der die Schwächen der Bourbonenherrschaft kennt, sieht, wie große Teile des französischen Volkes und die alten Soldaten dem Abgott Napoleon verfallen.

Die Entscheidung »König oder Kaiser«, liegt in diesen Stunden bei Ney.

Ney erfährt, daß die Bourbonen ihre Sache aufgeben, daß Vorhuten seiner Armée zu Napoleon übergehen. Er weiß, daß er mit 4 000 Soldaten gegen 13 000 Mann auf Seiten Napoleons kämpfen müßte – er sieht Frankreich im Bürgerkrieg versinken. Da vereinigte er seine Armée mit den Streitkräften des Kaisers.

In einer Aussprache mit Napoleon am 19. März 1815 in Auxerre sagte Ney: »Ew. Majestät können immer auf mich zählen, wenn es das Vaterland gilt. Ich liebe Sie Sire, aber das Vaterland vor allem.«

Die Niederlage in der Schlacht bei Waterloo entschied endgültig über das Schicksal des Korsen und das Leben seines Marschalls.

Napoleons 100 Tageherrschaft seit seiner Rückkehr von Elba bis zum endgültigen Sturz und seiner Verbannung nach St. Helena im Juni 1815.

L. K. B.

Michel Ney wurde am 7. Dezember 1815 durch ein Sondergericht zum Tode verurteilt und im Garten des Palais Luxembourg von einem Peloton erschossen.

Ney * 10. 1. 1769 Saarlouis
\+ 7. 12. 1815 Paris

Die Erschießung des Marschall Ney – Englischer Kupferstich um 1815.

Bierstraße.

Bierstraße mit Marschall Ney's Geburtshaus – Blick zur Kaserne VI 1991.

General von Lettow-Vorbeck

In der Garnisonstadt Saarlouis, Silberherzstraße 16,
wurde am 20. März 1870 Paul Emil von Lettow-Vorbeck,
als Sohn eines preußischen Hauptmanns aus Pommern geboren.

Die Stadt Saarlouis brachte an seinem Geburtshaus eine Erinnerungstafel an und verlieh ihm im Oktober 1956 den Ehrenbürgerbrief.

Paul Emil von Lettow-Vorbeck wurde als preußischer Kadett, Page Wilhelms I. und trat mit 17 Jahren beim 4. Garderegiment zu Fuß ein. Mit 31 Jahren war er Hauptmann im großen Generalstab und kämpfte zuerst unter dem preußischen Generalfeldmarschall Graf Alfred von Waldersee, der die europäischen Truppen 1901 in China gegen die Boxer führte. (Boxer sind Mitglieder patriotischer, aus Sekten hervorgegangener chinesischer Gesellschaften, die 1899 den »Boxeraufstand« entfachten.

General von Lettow-Vorbeck kämpfte später in Deutsch-Südwest-Afrika gegen aufständische Hereros (ein Bantustamm in SW Afrika) und gegen Hottentotten.

Als Kommandeur des II. Seebataillons in Wilhelmshaven, erhielt er die Berufung zur Kameruner Schutztruppe.

Am 13. April 1914 wurde er Kommandeur der Schutztruppe in Deutsch-Ost-Afrika, das doppelt so groß war wie das damalige deutsche Kaiserreich.

Von Lettow-Vorbeck verteidigte die von Deutschland abgeschnittene Kolonie Deutsch-Ostafrika vier Jahre lang.

Erwähnenswert sind besonders seine Angriffe gegen die englische Uganda-Bahn, die Lebensader Britisch-Ostafrikas und seine Angriffe gegen Nord-Rhodesien und Njassaland.

1916 befehligte Generalmajor von Lettow-Vorbeck eine Truppe von 3 000 Weißen und 12 000 Askaris. Die Alliierten konnten rund 49 000 Mann auf die Schutztruppe ansetzen. Burengeneral Smuts, später Marschall und Ministerpräsident der Südafrikanischen Union, erschien 1916 mit einem südafrikanischen Expeditionsheer.

Die Streitmacht von Lettow-Vorbeck konnte 5 Divisionen weiße Soldaten, 750 000 Schwarze und Inder und einen ausgezeichneten überseeischen Versorgungsdienst bilden. Unter den Weißen befanden sich Belgier, Engländer und Portugiesen.

Am 13. November 1918 mußte von Lettow-Vorbeck südlich des Tanganyikasees kapitulieren. Die Alliierten ließen dem tapferen Gegner die Waffen. Im selben Jahr noch zog der Kolonialoffizier mit dem Rest seiner Truppen durch das Brandenburger Tor, stellte eine Freiwilligen-Division auf und bekämpfte die Spartakisten in Hamburg.

Von Lettow-Vorbeck wurde als Kommandeur der 9. Reichswehrbrigade in Schwerin in die Reichswehr übernommen. 1920 beteiligte er sich am Kapp-Putsch und nahm die Regierung von Mecklenburg fest. Er mußte aus dem Dienst scheiden.

1928 zog er für zwei Jahre als Abgeordneter der Deutsch-Nationalen in den Reichstag ein. 1930 trat er aus der Partei aus und kehrte der Politik den Rücken.

Am »Tannenbergtag« 1939, verlieh ihm Adolf Hitler den Titel »General der Infanterie«.

Ministerpräsident Smuts grüßte 1945 seinen Freund telegrafisch: Ein Afrikaner grüßt den Anderen.

General von Lettow-Vorbeck, Träger des Eichenlaubs zum Pour le Mérite, lebte zuletzt in Hamburg. Er starb dort am 9. März 1964, elf Tage vor seinem 94. Geburtstag.

Bürgermeister Schreiner schrieb in der Todesanzeige: Wir trauern um unseren Ehrenbürger, dessen Leistungen und Verdienste Geschichte sind. Wir sind stolz darauf, daß er ein Sohn unserer Stadt war, die Verbindung zu ihr pflegte, und gern in unserer Mitte weilte.

Die 1956 eingeweihte neue Fraulauterner Brücke und die Umgehungsstraße wurden nach ihm benannt.

Die Namensgebung »von Lettow-Vorbeck-Brükke« fiel zusammen mit der Verleihung der Ehrenbürgerrechte an General a.D. Paul Emil von Lettow-Vorbeck.

entnommen aus »Saarlouis« von L. K. Balzer
weitere Daten aus DBG Handlexikon

Silberherzstraße mit ehemaligem Fechtsaal im Hintergrund, später evangelische Kirche um 1900.

Das Geburtshaus des Generals von Deutsch-Ostafrika, Paul Emil von Lettow-Vorbeck befindet sich in der Silberherzstraße Nr. 16.

Das Haus steht hier auf dem Foto auf der rechten Straßenseite.

Die Häuser wurden im Zweiten Weltkrieg nicht zerstört.

Die gleiche Stelle 1991.

Saarbrücke um 1940.

Historische Aufnahmen zeigen eine elegant geschwungene Brückenrampe, die mit Seelöwen geschmückt war. Diese steinernen Tiere, die vor 60 Jahren die Fraulauterner Brücke schmückten, sind heute noch zu bewundern: Eine Figur ist im Freibad im Stadtgarten aufgestellt worden, andere im Gelände des Stadtgartens.

Die 1931 ohne viel Pomp und Feierlichkeiten eingeweihte Brücke, damals als »lebensnotwendiges Projekt« gerühmt, hatte keinen langen Bestand. Sie fiel im Bombenhagel des Zweiten Weltkrieges in Schutt und Trümmer. Wieder gab es keine Verbindung zwischen Fraulautern und der Innenstadt, sieht man von einer Fähre ab, die damals auf der Saar verkehrte. Nach Ende des Krieges gingen die Saarlouiser daran, mit einem hölzernen Steg zunächst eine provisorische Verbindung zu schaffen.

Rund zehn Jahre nach Zerstörung der alten »Fraulauterner Brücke« entstand ein Neubau, die jetzige »Lettow-Vorbeck-Brücke«. Die Namensgebung für den Neubau fiel zusammen mit der Verleihung der Ehrenbürgerrechte an General von Lettow-Vorbeck. 1956 berieten die Stadtverordneten intensiv, wie der künftige Ehrenbürger entsprechend gewürdigt werden könne. Die Brücke allein nach dem General in Kaiser Wilhelms Diensten zu benennen, erschien nicht ausreichend. Die Stadtväter einigten sich schließlich darauf, sowohl Brücke als auch Umgehungsstraße nach General Lettow-Vorbeck zu nennen.

Aus: Saarbrücker Zeitung 2/91

Lettow-Vorbeck-Brücke – Einweihung 1956.

Das alte Bootshaus um 1960.

Die Freiwillige Feuerwehr der Stadt Saarlouis

Der Ursprung der Freiwilligen Feuerwehr in der Festungsstadt Saarlouis, geht zurück auf die Anfänge des 17. Jahrhunderts.

Die Ritterschaft des hl. Sebastian, von den Herzögen von Lothringen, bei Ausbruch der Pest im Jahre 1626 in Wallerfangen gegründet, wurde durch eine Verordnung Ludwig des XIV. im Jahre 1685 mit 50 Mann, von Wallerfangen nach Saarlouis verlegt.

Sie stellte eine Löschkompanie in der noch im Aufbau befindlichen Festungsstadt Saarlouis dar. Nach ihren Statuten mußten sie den Gottesdienst verherrlichen helfen, besonders jedoch war es ihre Pflicht, bei Feuersbrünsten hilfreiche Hand zu leisten.

Aus dieser Ritterschaft ist die Freiwillige Feuerwehr ohne Zweifel hervorgegangen.

Die Stadt Saarlouis besitzt nach vorliegenden Dokumenten, die älteste aller »Freiwilligen Feuerwehren« in Deutschland.

Das älteste Gruppenbild der »Freiwilligen Feuerwehr Saarlouis« – Fotomontage aus dem Jahre 1894 von Max Ziegert.

Feuerwache I.

Feuerwache II.

Feuerwache I an der Vaubanstraße (heute Parkhaus Pieper).

Feuerwache II in der Adolf-Hetzler-Straße.

Die Feuerspritzen sollen während dem Sommer wenigstens jeden Monat einmal, aber öfters, wenn es die Behörde erheischt, probirt werden. Jeder Löscher, der bei dieser Uebung fehlt und nicht, wie vorher gesagt, ausweisen kann, wird zu 25 cent. bestraft, welche der Fourier in Empfang nehmen und genau Rechnung darüber halten soll. Diese Gelder sind bestimmt, wenn einem oder dem anderen der Löscher im Dienste ein Unglück widerfahren sollte, zu Hilfe zu kommen.

Jeder Feuerlöscher trägt eine Medaille, damit bei Feuersausbruch ihn die Polizei erkennen kann. (Siehe Abbildung).

Erkennungs-Medaillen der Feuerwehr aus den Jahren 1818.

Um die Feuerlöscher zu ermuntern und ihnen Thätigkeit einzuflössen hat der Magistrat dieselben von Militär-Einquartierung befreit.

Verhalten der übrigen Bürger bei Feuer-Ausbruch.

Bei Feuer-Ausbruch hat ein jeder, der einen Brunnen in seinem Hause hat, unter 3 Thaler Strafe das nöthige Wasser dort holen zu lassen. Bei Widerspänstigkeit werden die verschlossenen Thüren aufgesprengt.

Wenn des Nachts Feuer ausbricht, so muss ein jeder Bürger, bei dem Sturmläuten unter 1 Thaler Strafe, eine Laterne vor das Fenster hängen, damit die Strasse während dem Feuer hell erleuchtet ist.

Jeder Eigenthümer und Miethsmann ist unter Strafe von 1 Thaler gehalten, bei dem Sturmläuten vor die Thür seiner Wohnung einen Eymer oder eine Bütte mit Wasser zu stellen.

Zur nehmlichen Zeit müssen alle Handwerker und besonders die Schornsteinfeger zum Löschen herbeieilen.

Die Böttcher nehmlich mit Bütten, die Maurer mit Brechhämmer, die Zimmer- und Tischler-Meister mit Aexten pp, die Schmiede und Schlosser gleichfalls mit ihrem Handwerksgeschirr. Die übrigen Einwohner beiderlei Geschlechts sind gehalten mit Eymern herbei zu eilen, um die Kette zu bilden.

Nach der Feuerlöschung müssen von einem jeden, der einen Eymer oder sonstiges Geräthe gefunden, selbige innerhalb 24 Stunden unter Strafe von 3 Taler, wovon die Hälfte für den Angeber, auf das Rathaus zurückgebracht werden.

Saarlouis, den 6. November 1818.

Der Oberbürgermeister,

Renauld.

**Ehrenmitglieder und Aktive
der Freiwilligen Feuerwehr Saarlouis 1911**

Führer des »Pompiers-Corps« der Stadt Saarlouis 1911.

Folgende,

das Tabakrauchen betreffende Polizeiverordnung

dürfte von allgemeinem Interesse sein:

Durch die von der Königl. Regierung zu Trier genehmigte Feuer-Polizey-Verordnung für die Stadt Saarlouis, vom 24. October 1820, ist das Tabakrauchen auf offener Strasse aus unbedeckten Pfeifen, bei angemessener Strafe verboten worden. Da nichts destoweniger öffentlich Tabak geraucht, oft auch den Weisungen der Schildwachen keine Folge geleistet wird, welche das Rauchen in ihrem Bereiche untersagen, so wird dieses Verbot dahin erneuert, dass vorerst und nur so lange es die Umstände erlauben, ausnahmsweise gestattet sein soll, aus einer mittels eines Deckels wohlverschlossenen Pfeife zu rauchen.

1. Auf dem Paradeplatze, bei dem Spaziergehen, mit folgenden Ausnahmen:
   a) Wenn Gottesdienst oder grosse Truppenparade auf selbigem statt findet;
   b) Während der täglichen Wachparade auf dem für selbige bestimmten Viereck;
   c) beim General-Marsch.
2. Auf stehender Arbeit, da, wo Feuersgefahr nicht zu besorgen ist.

Alles übrige Rauchen auf offener Strasse ist unbedingt untersagt, sowohl innerhalb der Stadt als ausserhalb derselben bis zur letzten Barrière, und erst nachdem die letzte dort stehende Schildwache passiert ist, können die Pfeifen angeraucht werden und eben daselbst vor Eintritt in die Barrière müssen die Ankommenden sie löschen. Es wird eine Zeit-Frist bis Ende dieses Monats belassen, damit gegenwärtige Verfügung zur allgemeinen Kenntnis gelangen kann, zu diesem Ende soll sie zu dreimalen in dem Kreis-Intelligenzblatt abgedruckt werden. Nach Ablauf dieses Termins werden die Schildwachen mit Anweisung versehen sein, überall, wo gegen das Verbot gehandelt wird, die Pfeifen wegzunehmen und solche der Polizey abzuliefern.

Saarlouis, den 6. Juli 1821.

Der Oberst und Festungs-Kommandant:
v. Laurens.

Der Kgl. Landrath:
Schmeltzer.

Aktienbrauerei Saarlouis

Die „Aktienbrauerei" später „Donnerbräu" von Saarlouisern Bürgern gegründet, siedelte sich 1898 an der Neuen-Brauerei-Straße an.

Am 17. Mai 1900 wurde mit dem Brauereibetrieb begonnen.

Erst 1921 baute der Betrieb eine eigene Wasserleitung zum Donnerborn in Wallerfangen. Das Bier erhielt den Namen „Donnerbräu", gebraut in der „Donnerbrauerei" Saarlouis.

Die Firma Becker, St. Ingbert, kaufte den Betrieb 1954. 1978 wurde der Betrieb geschlossen.

Im Juli 1992 wird der Gebäudekomplex abgerissen.

Die »Donner-Brauerei« 1960.

db donner-bier

hervorragend!

aus der

Donner-Brauerei Saarlouis

seit 1898

Katerturm im Stadtgarten um 1960.

Türen erzählen Geschichten

Türen – Tore – Pforten alter Häuser in Saarlouis.

Türen erzählen Geschichten, in ihnen spiegelt sich der Lauf der Zeit.

Eingangsportal des Landratsamtes.

Impressionen

Unsere Kaiserin
und unsere Kronprinzessin.
5339
Phot. Jenischewsky
Allenstein

Victor Gross
SAARLOUIS

Louis Eder,

— *Saarlouis* —

Herren-Garderobe,
Uniformen, Livreen,
Militär-Effekten.

Lieferung für Feuerwehr-Vereine.

MATH. DENNEMARK
Feines Herren-Massgeschäft
SAARLOUIS, Bibelstrasse 2.

Anfertigung
ELEGANTER HERRENMODEN.
Tadelloser Sitz.
Lager in deutschen u. englischen Stoffen.

HERZ WEIL
Saarlouis
AM GROSSEN MARKT.

Bekannt
durch billige Preise
in
Herren- u. Damen-
Konfektion
sowie
Manufakturwaren

Aus den Saarlouiser Fotoateliers von damals

Photographisches Atelier

Max Ziegert, Saarlouis

Grünebaumstrasse 5 — b. d. Hauptwache

empfiehlt sich zur Anfertigung sämtlicher photographischen Aufnahmen.

Spezialität: **Vergrösserungen.**

Erstes Geschäft am Platze.

H. Hermestroff
SAARLOUIS.

ZIEGERT
PHOTOGRAPH
SAARLOUIS
in der Nähe der Hauptwache.
Platten werden aufbewahrt.

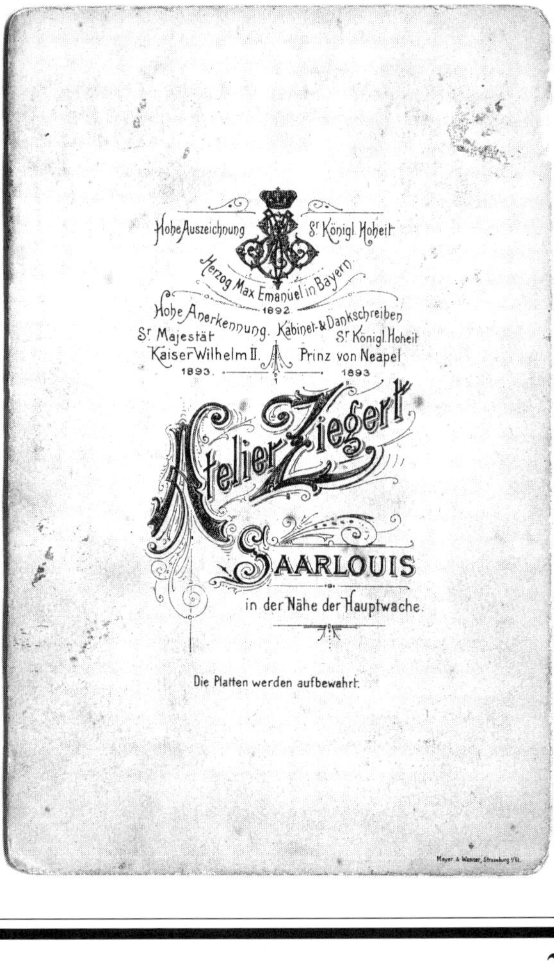
Hohe Auszeichnung Sr Königl. Hoheit
Herzog Max Emanuel in Bayern
1892
Hohe Anerkennung. Kabinet- & Dankschreiben
Sr Majestät Kaiser Wilhelm II. 1893.
Sr Königl. Hoheit Prinz von Neapel 1893
Atelier Ziegert
SAARLOUIS
in der Nähe der Hauptwache.
Die Platten werden aufbewahrt.

Saarlouis
Silberherzstrasse 42

Eingerichtetes Eßzimmer mit Lothringer Schrank.

Kunstgewerbliche Haushaltsgeräte aus Lothringischen Werkstätten.

Wohnzimmereinrichtung – aus der Jahrhundertwende um 1890.

Standuhr aus der Zeit um 1782.

Der Mord

der achtzehn Straßen-Laternen

Kommt herbei ihr großen und ihr Kleinen
Höret an die schwarze Moritat
Heiße Tränen müßt ihr alle weinen
Nimm sein Sacktuch wer da eines hat.

Lauterns Bürger, alle guten Braven
Schliefen still und ruhig jede Nacht
Und sie konnten wohl auch ruhig schlafen
Weil ja des Gesetzes Auge wacht.

Und es wachten wenn sie grad nicht schliefen,
Die mutigen Männer von der Wach und Schließ
Alle Diebe schnelle davon liefen
Denn sie trugen Säbel und auch Schieß.

Im Dezember des verflossenen Jahres
O, du schreckensvolle blutge Nacht
Denn ihr Leute um die Zeit da war es
Wurd die schauderhafte Tat vollbracht.

Ein verauchter schwarzer Bösewichte
Diese Tat schon lang im Herzen trug
Er trachtete nach Lauterns Lebenslichte
Und achtzehn er in einer Nacht erschlug.

Bei dem Hause des bekannten Simmchen
Da verübte er den ersten Mord
Dann nahm er zuvor sich noch ein Primchen
Setzte dann des Mordes weiter fort

Und der Wütrich zog durch alle Gassen
Tote Leichen zeigten seine Bahn
Die Schließgesellschaft konnte in zwar fassen
Doch sagten die das geht uns gar nichts an.

Von Mörderschlägen und von Todesröcheln
War die grausenhafte Nacht erfüllt
Dem Mörder steigt das Blut bis an die Knöcheln
Der Mond er weint, sein Antlitz er verhüllt.

Das Opferschreien tat viel Leute wecken
Und gar ängstlich lauschten sie empor
Voll Entsetzen zogen sie die Decken
Sich ga schnelle wieder übers Ohr.

Michel hörst du auch das Klirren, Klagen
Frägt et Amei zitternd schreckensbleich
Stille Weib, sonst gehts uns an den Kragen
Und morgen sind wir beide eine Leich.

Hannes, Hannes horch die Räuberbande
Gott helfe uns, denn das ist Mord und Brand
Ganz Fraulautern geht heut Nacht zu Schanden
Ist denn Revolution bei uns im Land.

Um den Suffel etwas zu ersparen
Blies er aus das Eisenbahnsignal
Hier kann man sehen und auch gleich erfahren
Er tat dies gründlich und auch radikal.

Der Henker jedoch mit dem Tigerherzen
Ruhte nicht bis er sein Werk vollbracht
Es rühte ihn kein Jammern und kein Schmerzen
Achtzehn Leuchten hat er abgeschlacht.

Am andern Morgen zitternd und mit Schaudern
Die Sonne stieg am Himmelszelt empor
Große Trauer herschte in Fraulautern
Rache, Rache schrie der ganze Chor.

Hängt in auf den grausam, frechen Räuber
Den Mörder von Fraulauterns stolzem Licht
Man täts so gerne, jedoch aber leider
Den man nicht hat, den hängt man meistens nicht.

Der aber sitzt gemütlich jetzt zu Hause
Schnaps, Bier und ein Pfund Leberwurst
Verzehrt gemütlich er zum Leichenschmause
Den Hunger hat er und auch großen Durst.

Doch wehe dir, die Geister der geschlachten.
Bereiten dir Gewissensbissens Qual
Und um die Stunde wohl um Mitternachte
Erscheinen sie dir achtzehn an der Zahl.

Das ist das Ende dieser Mordgeschichte
Hat sie gefallen klatschet Beifall dann
Du aber Mörder sage an wo bischte
Daß man dich endlich auch mal hängen kann.

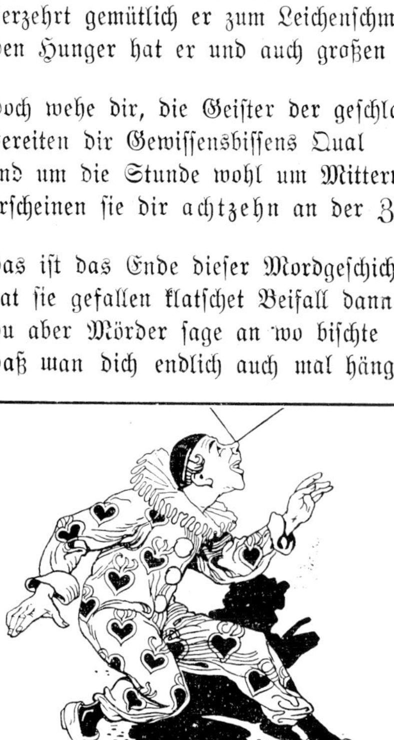

Hürtgen, Fink & Lippach — Saarlouis-Fraulautern.

Meissner & Heldrich

Handelsschule

Saarlouis — Marktplatz 21

Saarbrücken 3 — Sulzbacherstrasse 15

Täglicher Beginn von

Tages- u. Abendkursen für Damen u. Herren

in

Buchführung (alle Systeme), Stenographie, Korrespondenz, Rechnen, Rechtschreiben, Maschinenschreiben, Schönschreiben, Rundschrift, Wechselkunde, Effektenkunde, Bank-Kontokorrentlehre.

Jedes Fach M. 15.— bei freier Wahl.

Monatskurse schon von 10.— an.

¼, ½, 1/1 Jahreskurse nach Vereinbarung.

Bester Erfolg in der **kostenlosen Stellenvermittlung** für unsere Schüler.

Prospekt gerne zu Diensten.

u. CAFÉ

von

Louis Kniesz,

Leonh. Beaumont Nachf.

Deutsche Strasse Nr. 18.

Saarlouis

Gegründet im Jahre 1862.

Telephon Nr. 166.

Haltestelle der Strassenbahn.

Billige, aber feste Preise!

Josef Wagner, Uhrmacher u. Optiker

Saarlouis, Markt 34. **Nähe der Hauptwache.**

Grösstes Lager nur **zuverlässiger** Uhren jeder Art.

In Goldwaren stets das **Neueste.**

Alle Sorten Brillen und Klemmer.

Eigene Werkstätte für besonders schwierige Arbeiten.

Möbelhaus

Matthäus Koch

Saarlouis

Grünebaumstr. 2, direkt neben der Hauptwache

empfiehlt alle Arten

Möbel

und

komplette Einrichtungen.

Kinderwagen, Kinderstühle

etc. etc.

Aeusserst billige Preise.

Chr. Heinzenberger,

Grünebaum-Str. **SAARLOUIS** Nähe d. Hauptwache

Anfertigung	und Lager
Bandagen jeder Art	Artikel zur Krankenpflege
Orthopäd. Apparate	Verbandstoffe
Leibbinden	Verbandwatte
Gummistrümpfe	Verbandbinden
Betteinlagen	Gummischläuche

Reelle und discrete Bedienung!

Wilh. Schatzschneider

Sattlermeister

Weisskreuz-strasse **Saarlouis** Weisskreuz-strasse

Erstes Geschäft zur Anfertigung von

Arbeits-, Luxus- u.

Reklamegeschirren.

Anfertigung nach jedem Wunsch.

Lager in wasserdichten und wollenen Pferdedecken.

Sämtliche Lederwaren

Koffer, Taschen, Portemonnaies etc.

Speziell Offenbacher Lederwaren.

Musikhaus Nic. Wagner Saarlouis

Postfach 19. • Weisskreuz- u. Sonnenstr. • Telefon 387.

Saiten — Saiten — Saiten

Saiten — Saiten — Saiten

Grosses Lager

Holz-, Blas-, Streich- u. Schlag-Instrumente.

Violinen • Mandolinen • Guitarren • Zithern

aus den ersten Fabriken Deutschlands.

Militär-, Vereins- und Turner-

▪ Trommeln ▪ Flöten ▪ Signalhörner ▪

nebst Zubehör zu Originalfabrikpreisen.

Fachmännische Reparaturen solid und reell.

Lieferant vieler Militär-, Civil- und Vereins-Kapellen.

Herkules Malzkaffee

zeichnet sich aus durch hohen Nährgehalt und Wohlgeschmack

zu haben

Herkules-Kaffee-Geschäft

Weisskreuzstrasse 2, am Markt

Spezialgeschäft

in

Kaffee, Malzkaffe, Tee, Kakao, Schokolade,

Biskuits, Dörrobst.

Die Buch- u. Musikalienhandlung

von

M. Hausen, Saarlouis

Bibelstrasse 11

empfiehlt sich den verehrlichen Vereinen zur

Lieferung von Theaterstücken u. Musikalien (Couplets etc.)

Ansichtssendungen bereitwilligst.

Katalog auf Wunsch kostenlos.

H. Welsch Inh.: Geschw. Welsch

Telephon Nr. 252 **Saarlouis** Telephon Nr. 252

Kochherde in allen Ausführungen.

Amerikaner- u. Dauerbrenneröfen.

Küchengeräte.

Fleischhackmaschinen und Saftpressen.

Dezimal- u. Tafelwagen.

Eis- u. Speiseschränke.

Eiserne Kassenschränke u. Kassetten.

Emaillewaren aller Art.

Portland-Cement und Chamottesteine.

Pulver und Schrot.

Werkzeuge aller Art.

Quellenangaben

Wortbeiträge, mit freundlicher Genehmigung aus den Büchern

Saarlouis –Karl Ludwig Balzer 1964

St. Ludwig – 1685–1985 – Katholisches Pfarramt

Benutzte Literatur:

Schicksalstage der Stadt Saarlouis – 1680–1697 – Carl Roderich Maria Richter 1959

Saarlouis 1680–1930 – Dr. Latz

Festschrift der Freiwilligen Feuerwehr Saarlouis – 1811–1911

Saarbrücker Zeitung

Fotonachweis:

Kreisbildstelle Landratsamt Saarlouis

Lithographien: Kalender KSK Saarlouis 1980